Lo sagrado como dia-logos:
una aproximación desde Eckhart, Corbin
y la fenomenología de la religión

Uriel Gabriel Tapia Delint

Master's Thesis

[June 2025]

Universitat Pompeu Fabra

Supervisor: Amador Vega Esquerra

Faber & Sapiens

Lo sagrado como dia-logos: una aproximación desde Eckhart, Corbin y la fenomenología de la religión

Uriel Gabriel Tapia Delint

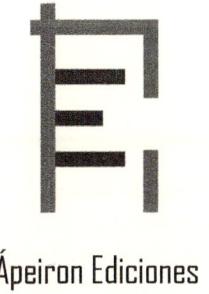

Ápeiron Ediciones

First Edition by Faber & Sapiens,
an imprint of Ápeiron Ediciones,
in 2025

© Faber & Sapiens
© Ápeiron Ediciones
C/ Príncipe de Vergara, n.º 132, planta 9
28002 Madrid
Tfno. (+34) 611 00 28 41
E-mail: info@faberandsapiens.com
http: www.faberandsapiens.com

Design and layout: Ápeiron Ediciones

ISBN: 979-13-991435-2-2
DL: M-26039-2025

A mi padre

Contents

1. Introducción 11

2. La fenomenología de la religión como orientación metodológica......... 17

3. Estancias del dia-logos sagrado: entre Eckhart y Corbin 45
   3.1. Punto de partida común: el dia-logos
        que ha de florecer como prerrequisito del encuentro
        con Dios. Tensiones entre vaciamiento y saturación,
        contemplación e imaginación, Dios sin modos
        y Dios personal 45
   3.2. Eckhart: hacerse semejante a Dios para comprender
        su verdad. De la criatura al ser-separado de la divinidad 50
   3.3. Corbin: teopatía humana y antropopatía divina.
        La vía de lo imaginal y del doble celestial 60

4. Conclusión: hacia una reconciliación de caminos posible 77

5. Bibliografía... 83

«La idea que está en la base de mi pensamiento es esta: la manifestación del Ser necesita del hombre, y el hombre es únicamente hombre en la medida en que está en la manifestación (*Offenbarkeit*) del Ser».

Martin HEIDEGGER, entrevista del 24 de septiembre de 1969

1. Introducción

El presente trabajo se propondrá articular comparativamente las obras de dos maestros espirituales—de dos filósofos, de dos hermeneutas de la Tradición— cuya vinculación no es, claro está, natural o inmediata. De modo que, si la comparación de dos horizontes alejados entre sí corre por cuenta de un tercer horizonte, que es el nuestro, es necesario, antes de partir a la articulación comparativa, explicitar las razones por las cuales la comparación se lleva a cabo. Podríamos responder, en este sentido, que se trata simplemente de un trabajo académico sobre religiones comparadas, y quizá ello sería suficiente para establecer la pertinencia de una empresa de esta índole. Esa es una aproximación posible, qué duda cabe, pero quizá no legítima del todo, pues pronto descubriríamos que no estamos haciendo justicia al objeto de estudio que nos proponemos tratar. Y es que hemos decidido tomar entre manos obras que, si bien pueden tener una pertinencia académica—y la tienen—, rebasan con mucho, y pronto, esa dimensión: se trata de obras que encuentran su verdadera y más legítima justificación en la vida interior, espiritual, de los seres humanos. Lo que esto tiene como consecuencia, entonces, es lo siguiente: si queremos articular comparativamente esos dos horizontes, debemos nosotros, al mismo tiempo, ofrecer un horizonte capaz de acogerlos y de hacerles justicia. Es decir: se trata de construir nosotros mismos un horizonte que, si bien es capaz de incluir los rigores académicos que una investigación de esta índole reclama—ya que se trata, para bien o para mal, de un trabajo académico—, al mismo tiempo se deja apelar desde su dimensión espiritual propia. Establecer, sin embargo, en un espacio tan estrecho, cuál sea nuestro «horizonte espiritual propio» es demasiado ambicioso, de modo que deberemos tomar tan solo algunos de sus aspectos: aquellos que sean capaces de acoger la vinculación comparativa que nos proponemos articular. Esto, dicho académicamente, sería tanto como buscar explicitar lo siguiente: ¿con qué preguntas, y con qué inquietudes interiores, nos aproximamos, hoy, a la obra de Eckhart? ¿Con qué preguntas a la obra de Corbin? ¿Desde dónde esta articulación comparativa, y para qué? Estas preguntas, e incluso las respuestas—si las hay— deben iluminar, entonces, al propio tiempo la comprensión de las obras de Eckhart y Corbin y la comprensión del horizonte desde el cual los apelamos. Y este modo de proceder, lejos de ser una arbitrariedad o un capricho, nos pone ya en camino de la perspectiva fenomenológica que el presente trabajo tomará como base metodológica. Pues para la fenomenología de la religión—al menos para aquella que aquí tomaremos como pivote teórico—, así como para los autores que nos ocupan, toda indagación teórica deberá, si quiere cumplir sus propósitos, estar precedida por una indagación de nosotros mismos que tenga como consecuencia el despertar de un cierto tipo de sensibilidad, de un cierto tipo de experiencia. Así, entonces, nuestra propia vida interior debe ser tanto el punto de partida como de llegada: solo así podremos hacer genuina fenomenología de la religión. Dejemos esto apuntado como la orientación fundamental del trabajo.

Tomando en consideración todo lo anterior, respondamos, entonces, que apelaremos a estos autores desde la siguiente dimensión de sus obras, que se desgranará en diferentes aspectos: la posibilidad de leer en ellas algo así como un «Dios dialógico». O, dicho con más precisión, se trataría de aproximarnos, a través de los autores mentados, a la posibilidad de pensar en una relación con lo sagrado cuya apertura presupone un «diálogo» del ser humano con el centro de su ser. El sentido específico de tal «diálogo» se tendrá que ir precisando a lo largo del trabajo, pero ya vale desde ahora apuntar que no se trata de un diálogo cualquiera, pues acaso para llevarlo a cabo no alcancen las palabras. Se trata, en todo caso, del sentido etimológico más primario: de un *logos* que florece a través (*dia-logos*), en un «entre». La posibilidad de pensar un «Dios dialógico» se desgrana, al mismo tiempo, en varios aspectos, de orden filosófico, que buscarán ser puestos en cuestión a lo largo de nuestra exposición: en primer lugar, puesto que un diálogo implica dos «polos» a través de los cuales el diálogo se establece, tendremos que pensar lo sagrado como una danza entre al menos los siguientes aspectos de esa polaridad: entre Creador y criatura, Eternidad y tiempo, Unidad y multiplicidad, teología apofática (o negativa) y teología catafática (o positiva), Dios incognoscible (o *absconditus*) y Dios personal (o *revelatus*), Amado y Amante. Inscribir nuestra comparación por dentro de estas polaridades nos permitirá poner de relieve no solo los encuentros entre Eckhart y Corbin, sino también sus desencuentros.

Para calibrar tanto los encuentros como los desencuentros, será importante tomar en consideración que ambos son hermeneutas de una Tradición espiritual común: aquella perteneciente a las así llamadas «religiones del Libro» en el contexto de las «religiones abrahámicas». Poner esto de relieve no es pertinente solo para poder calibrar con mayor precisión las posturas de uno y otro, sino al mismo tiempo para pensar ya nuestro horizonte espiritual —el del Occidente moderno—, que en términos generales se inscribe, en lo que a su devenir histórico respecta, dentro de esta comunidad de las religiones del Libro. Partiendo de esta base, señalemos que, por la tradición de la que procede, y por su estructura, veremos en el «Dios dia-lógico» en su resonancia con el *Cantar de los cantares,* y lo entenderemos, en esa medida, como un modo de comprensión de la mística epitalámica que hunde sus raíces en el *Cantar.*

Pero dado que queremos explicitar nuestro horizonte—el horizonte desde el cual acogeremos la presente indagación y nos vincularemos con ella— tenemos que añadir: el Occidente moderno no es solamente, en un sentido histórico, heredero de la tradición común de lo que hemos llamado las «religiones abrahámicas», sino que se trata también de ese horizonte al cual, según Friedrich Nietzsche, se le murieron los dioses. Pero Nietzsche es más radical aún que esto: no se trata solamente de declarar la «muerte de Dios», sino de reconocer: «¡nosotros lo hemos matado— vosotros y yo!»[1].

Como pretenderemos mostrar, será desde la comprensión del «Dios dialógico» que podremos sopesar realmente las palabras de Nietzsche. Pues sobre la base de la comprensión de un Dios dialógico está la constatación de que lo sagrado es, ante todo, *un lugar de encuentro* entre lo divino y lo humano: lugar y encuentro que para la existencia humana es tan solo posible, y que de ninguna manera está dado de antemano. Es decir: si bien pensado «en sí», en el sentido metafísico último (en lo que Eckhart llama el ser-separado—*abegescheidenheit*[2]— de la divinidad), lo divino es algo que pre-existe y sobre-existe a la creación y a la criatura (pues precisamente desde la dimensión más oculta y *abscondita* de lo divino, o del Misterio, *lo que es ha venido a ser*), es sin embargo cierto también, a un nivel fenomenológico—es decir, en el orden de su aparición ante la conciencia humana—, que lo numinoso es algo que no está dado, sino que se trata de algo que debe ser despertado y conquistado: solo en la medida en que el hombre se ha hecho «capaz de Dios»[3] (Corbin), solo en la medida en que el hombre se ha hecho «virginal y semejante a Dios»[4] (Eckhart) es que entonces Dios podrá revelársele al hombre, y que el hombre será capaz de acogerlo.

Reconozcamos—y no rehuyamos de— la paradoja: lo que este modo de comprensión sobre lo divino tiene sobre su base es la paradoja según la cual uno ha de hacerse «madre de su Padre»: para conocer, así, al Padre en el Hijo. Lo que hay, como puede verse, no es solamente una discusión de orden intelectual, más o menos ociosa o pertinente, sino que en el fondo se trata, en el «Dios dialógico», de un recorrido vital como condición previa a toda dimensión intelectual o especulativa:

---

[1] F. Nietzsche, "La ciencia jovial" en *Nietzsche I*, trad. Germán Cano, Gredos, p. 440.

[2] Vid. M. Eckhart, "Del ser separado", en *El fruto de la nada*, trad. Amador Vega, Alianza, Madrid, 2011.

[3] Vid. H. Corbin, "Simpatía y teopatía", en *La imaginación creadora en el sufismo de Ibn'Arabi*, pp. 99-164, y en particular pp. 160-162.

[4] Vid. M. Eckhart, "El templo vacío", "La virginidad del alma", *op. cit.,* pp. 53-68.

aquel recorrido que ha de llevar al hombre de su existencia profana a su existencia sagrada. Es únicamente por dentro de este recorrido vital que podremos vislumbrar realmente lo que tenemos entre manos. Y es únicamente en estos términos que nosotros pretenderemos aproximarnos a lo dicho por Nietzsche: pues para preguntarnos sobre el sentido de la «muerte de Dios» solo podremos hacerlo—desde esta perspectiva—preguntando paralelamente: *¿para quién* ha muerto? Y, en el otro polo, sobre la manifestación posible de lo divino, preguntaremos también: *¿ante quién* se ha manifestado, y bajo qué condiciones?

Es necesario apuntar, como orientación metodológica, que este modo de comprensión de lo divino, que ya puede leerse, aunque mediante otros términos, en Eckhart, encontró en el siglo XX una recepción muy interesante en lo que podríamos llamar, en sentido amplio, la «fenomenología de la religión», y en particular en aquella que se articuló desde la tradición hermenéutica del Círculo de Eranos—al que perteneció Henry Corbin desde 1949 hasta su muerte—. Aunque es imposible detenernos en cada uno de los casos, pasaremos a hacer una revisión general de los conceptos básicos de la fenomenología de la religión, así como una revisión de algunos modos particulares en que tal «giro fenomenológico» se patentizó en obras como la de Rudolf Otto[5]—quien incluso «bautizó» y dio nombre a Eranos como tal— o Mircea Eliade[6]. Otra referencia fundamental para nuestro trabajo, ya no perteneciente al Círculo de Eranos, aunque vinculado indirectamente a él, será la fenomenología hermenéutica de Martin Heidegger: se trata del autor que

---

[5] Para establecer la dimensión fenomenológica de la obra de Rudolf Otto, véase J. Martín Velasco, "El método fenomenológico y su aplicación al estudio del hecho religioso" y "Lo sagrado como orden y ámbito de la realidad", en *Introducción a la fenomenología de la religión,* Trotta, Madrid, 2017, pp. 45-86 y 87-116. Desarrollaremos algunos puntos fundamentales de estos capítulos a continuación.

[6] Para establecer la dimensión fenomenológica de la obra de Eliade, véase, además de los apartados ya citados de Martín Velasco, D. Allen, "Eliade y la fenomenología de las religiones", en *Mircea Eliade y el fenómeno religioso,* trad. J. Fernández Zulaica, Ediciones Cristiandad, Madrid, 1985.

vincula más directamente, quizá, a Eckhart y a Corbin: pues la obra de Eckhart es una referencia central para Heidegger, y a su vez fue Corbin el primer traductor de la obra heideggeriana al francés, lo que le dejó una impronta. Será a través de la obra temprana de Heidegger, de su incipiente y pronto abandonado proyecto de construir una fenomenología de la religión, que añadiremos la última nota esencial a la orientación fenomenológica pertinente a cuanto queremos tratar. A través, entonces, de las referencias hasta aquí indicadas es que podremos construir la base desde la cual construir nuestra noción de «Dios dialógico», al tiempo que será también desde esta misma base que vincularemos las obras de Eckhart y Corbin. Para ello, revisaremos primero, aunque sea someramente, algunas características básicas de lo que aquí hemos mentado como «fenomenología de la religión», para pasar a continuación a establecer cuál es su pertinencia a nuestro trabajo.

2. LA FENOMENOLOGÍA DE LA RELIGIÓN COMO ORIENTACIÓN METODOLÓGICA

Una mirada de orden general, pero al mismo tiempo bastante amplia y completa, sobre lo que buscamos introducir, se encuentra en la *Introducción a la fenomenología de la religión* de Juan Martín Velasco. En esta obra encontramos un recorrido tanto histórico como conceptual de la gestación de la «disciplina», o método, que aquí nos ocupa. Antes de pasar a examinar la noción de fenomenología, habría que revisar, primero, el nacimiento del hecho religioso como campo de estudio propio. Si bien el hecho religioso, así como la meditación a su alrededor, es quizá tan antigua como el ser humano mismo, no fue sino hasta el siglo XIX que surgió el ámbito de los «estudios religiosos» como campo de estudio académico, y, por tanto, aconfesional, capaz de acoger el estudio del hecho religioso en su amplitud y variedad, sin estar circunscrito a ninguna religión en particular. A juicio de Martín Velasco, la primera manifestación concreta, el «acta de nacimiento» de una orientación tal se encuentra en los trabajos de Max Müller sobre mitología comparada[7], en los que se ponen de relieve los siglos de contacto, y de materiales acumulados, de la ciencia europea con pueblos de diversa índole religiosa: siglos de viajes, conquistas y colonizaciones, así como decenios de etnología, historia antigua, historia de las religiones, arqueología, filología y decenios, en fin, de «orientalismo» dieron el sustento necesario para que el punto de vista cristiano se relativizara y el estudio del hecho

---

[7] J. Martín Velasco, *Introducción a la fenomenología de la religión,* p. 552.

religioso en sentido más amplio pudiera así nacer.[8] Martín Velasco lo establece del siguiente modo, en el que veremos al propio tiempo el nacimiento del ámbito de los «estudios religiosos» como incipiente campo de estudio, así como el recurso a la fenomenología:

> Los datos acumulados por la incipiente ciencia de las religiones mostraron, más allá de la enorme variedad de sus formas, la existencia de un cierto parentesco, de un «aire de familia», que permitía clasificarlas como formas de un hecho único. Esto último suscitó la búsqueda de los rasgos comunes que son el fundamento sobre el que se apoya esa identificación. Esta búsqueda originó una forma de estudio diferente de las consideraciones parciales propias de las ciencias particulares: historia, sociología, antropología y ecología aplicadas al estudio de las religiones.
> El nuevo «objeto formal» del estudio del hecho religioso exigía un método también nuevo. Para precisar su naturaleza se recurrió a la fenomenología. Trabajos recientes han señalado la existencia de dos tradiciones filosóficas diferentes en el origen del término «fenomenología», que confieren dos significados diferentes al mismo. La primera, preferentemente germánica, tiene sus orígenes en J.H. Lambert, contemporáneo de Kant, y pasando por éste y por Hegel desemboca en la fenomenología de Husserl como método propio de una filosofía rigurosa.
> De E. Husserl recibieron algunos de los cultivadores de la fenomenología de la religión no pocos estímulos que se tradujeron en la aplicación a su estudio de la religión de algunos momentos del método fenomenológico tales como la idea de la intencionalidad de la conciencia, las de reducción *eidética* y *epoché* o reducción fenomenológica, entendida como puesta entre paréntesis de la cuestión de la verdad de lo descrito, y la descripción de lo sagrado como un ámbito de realidad o mundo vital (*Lebenswelt*) particular. Con todo, parece seguro que, a pesar de las referencias explícitas a esos términos, muchos fenomenólogos de la religión hacen de ellos un uso casi figurado sin preocuparse por el sentido estricto que Husserl les atribuye.[9]

---

[8] *Ibidem.*, p. 553.
[9] *Idem.*

Con el párrafo aquí inscrito tenemos ya el primer paso que va del hecho religioso como campo de estudio al recurso a la fenomenología como vía posible a tal objeto formal. Tenemos que hacer, sin embargo, un apunte sobre el final de la cita anterior, y que radica en los modos diversos y aparentemente inconexos entre sí que diversas aproximaciones fenomenológicas pueden tener. Esto, a decir verdad, forma parte de la misma esencia de la fenomenología, y nos preserva incluso de llamar a la fenomenología un método en sentido estricto. En palabras de Jean Héring, uno de los primeros discípulos de Husserl en Francia, y uno de los primeros en utilizar la fenomenología para el estudio de la teoría de la conciencia religiosa, indica que la tarea de la fenomenología no es explicar científicamente, sino «conducir y esclarecer. Por tanto, la fenomenología no será siquiera un método propiamente dicho, visto que su método variará con cada nuevo campo de observación que se presente bajo su horizonte. En cuanto al principio intuicionista mismo, sería mejor no llamarlo un método, pues en el fondo solo implica la indicación del objetivo, es decir, de la visión clara y distinta; objetivo que deberá ser alcanzado por vías, a veces simples y fáciles, y otras complicadas y laboriosas, pero siempre impuestas por la naturaleza del objeto y no por alguna exigencia del sistema.»[10]

Ahora bien, lo anterior no implica que fenomenología pueda ser cualquier cosa. Hay, en definitiva, un modo de proceder básico que atañe a la fenomenología en particular y de modo propio. Lo que la cita de Héring nos permite ponderar, más bien, es que, a diferencia de otros modos de aproximación al objeto de estudio, la fenomenología se deja ante todo *apelar por la naturaleza del objeto* que se propone estudiar: acomoda la mirada a tal objeto, pues «hacerlo aparecer», hacer que se muestre la esencia del fenómeno ante la conciencia es lo que se propone el fenomenólogo. Pero, dado que lo que se busca preservar es la preeminencia de los modos propios de mostración del objeto en cuestión,

---

[10] J. Héring, *Fenomenología y filosofía religiosa. Estudio de la teoría de la conciencia religiosa*, p. 58.

sin constreñirle en preconcepciones que le sean ajenas, por ello resulta común que un mismo modo de ser fiel al modo propio del objeto en cuestión pueda desembocar en vías diversas. Será en esa medida, por ejemplo, que en Heidegger se dará el famoso «giro hermenéutico» de la fenomenología que, en juicio de Ramón Rodríguez— traductor de la obra heideggeriana y uno de sus estudiosos ilustres— no deja de ser fenomenología por derecho propio: «la idea de una transformación hermenéutica de la fenomenología puede dar a entender que lo que produce la obra primera de Heidegger es una especie de metamorfosis de la fenomenología, un cambio sustancial que la lleva a convertirse en otra cosa de lo que irrumpió con las *Investigaciones Lógicas* de Husserl. Pero no hay tal cosa. Lo que en ella acontece es un movimiento genuinamente fiel a la exigencia fenomenológica primaria, de dejarse marcar por "la cosa misma" en el modo de acceder a ella.»[11]

Lo anterior nos permite entender en qué sentido la fenomenología podría ser un «método»: no en cuanto a su contenido, sino en cuanto a su estructura. Es decir, no puede ser un método en el sentido de que haya una receta, o una serie de pasos delimitados previamente, mediante los cuales acceder a cualquier objeto de estudio en su mostración; se trata, más bien, de acceder a la mostración del objeto particular en virtud de la lógica del objeto mismo, de lo que éste exige para aparecer: y ello es ya un principio metodológico en sentido amplio, si bien no un «método» en sentido corriente. De modo que tenemos ya una primera pieza fundamental que tomamos de la fenomenología para leer a Eckhart y a Corbin: el dejarnos apelar por la lógica del Otro que queremos conocer, danzar en sintonía con él, en su nota propia, es un principio fenomenológico central y al mismo tiempo uno de los ejes vertebrales de la noción del «Dios dialógico» que pretendemos desarrollar a lo largo del presente texto. Indiquemos, por otro lado, que la transformación hermenéutica de la fenomenología, a mano de Heidegger, tendrá

---

[11] R. Rodríguez, *La transformación hermenéutica de la fenomenología. Una interpretación de la obra temprana de Heidegger*, p. 14.

una importancia mayor que la hasta aquí indicada solo de paso, sobre todo hacia el final de nuestro texto, en donde apostaremos por una conciliación fenomenológica entre las propuestas de Eckhart y Corbin. Dejemos esto tan solo apuntado, para retomarlo más adelante, y continuemos en la elaboración de los principios básicos de la fenomenología que nos harán de sostén metodológico.

Otra de las concepciones básicas de la fenomenología que resultará fundamental a nuestro trabajo atañe a lo siguiente: la conformación del objeto intencional en la conciencia. Esto implica dos cosas, que nos preservarán por un lado del psicologismo y también de una metafísica oscurantista o dogmática. En primer lugar, indiquemos que aquello que la conciencia busca intuir, aquello que aquí referimos como «objeto intencional» no es necesariamente ni un objeto natural, ni un hecho histórico. Ni siquiera es necesario que el objeto intencional sea una representación sensible. Para poner de relieve la dificultad, y para salir de ella, Héring distingue las intuiciones sensibles de las intuiciones categoriales. Se puede realizar una intuición sensible, por ejemplo, percibiendo el color rojo de algún objeto material: al hacerlo, se toma esta cualidad del color rojo como un espécimen de una cierta tonalidad que se mantendrá idéntica a sí misma, sea cual fuere el número de ejemplares en los que se encuentre. Naturalmente, este color ideal no existe en ningún lugar del espacio (y por consecuencia tampoco en mi cerebro), ni tampoco está situado en el tiempo (y por consecuencia tampoco en mi conciencia). «Gracias a la intuición categorial puedo igualmente captar, al comparar diferentes tonalidades de *rojo,* la idea del *rojo en general,* que tendría suficiente razón en declarar como imposible de encontrar en la naturaleza y en el espíritu; en todo caso, no es sino en tanto general, pues en tanto que idea no es de este mundo.»[12]

Con este ejemplo, que puede parecer forzado a nuestro trabajo, ganamos la siguiente constatación: lo que busca la fenomenología es la *esencia constitutiva* del fenómeno en cuestión, esencia que se dona en su

---

[12] J. Héring, *op. cit,* p. 61.

mostración. Es decir, para la fenomenología la esencia no estará nada por la *quidditas* en sentido medieval, en la que buscaríamos establecer la *ousía* o substancia del color rojo. Sobre esto, la fenomenología no se pronunciará (y esta es una de las dimensiones de la *epoché,* de la reducción fenomenológica), y se limitará a captar la esencia constitutiva del fenómeno en su mostración. En esa medida, continúa Héring, «lo que puedo percibir, en el acto cognitivo por excelencia, no es el árbol verde, ni el verdor del árbol entendido como cualidad, sino *el hecho de que el árbol es verde* [en su mostración].»[13] Así, pues, digámoslo una vez más: la mirada fenomenológica no se preguntará por saber si el rojo tiene o no una existencia efectiva en la dimensión natural o histórica (en ocasiones sabrá que no la tiene, pero esta no es la dimensión fundamental), no se preguntará, como el físico teórico, si un color tiene por substancia tales o cuales frecuencias de ondas. No le interesa, pues, lo que pudiera ser el «en sí» del objeto, sino el encuentro del objeto con la conciencia que le acoge, donde se constituye: le interesa, en fin, el fenómeno. De este modo nos preservamos de lo que hemos llamado una «metafísica oscurantista», o dogmática, de la que quisieran sacarse saberes acabados o definitivos. Lo que interesa al fenomenólogo es el correlato exacto del acto cognitivo, el que es aprehensible intuitivamente. Los fenomenólogos lo llaman *Sachverhalt,* término que podemos traducir como «estado de cosas». Es este mismo *estado de cosas* el que puedo afirmar en un juicio fundado en esta apercepción.[14] «Es esta forma de ofrecerse a la mirada de la conciencia, y ninguna otra, la que los fenomenólogos designan como *evidencia.»[15]* Lo que hay aquí es una suerte de conciliación de la filosofía platónica con la filosofía kantiana, conjugando ambas en un orden distinto. Con el ejemplo sobre el color rojo pudimos decir, con Platón, que la idea del color rojo no tiene existencia efectiva en la realidad, sino tan solo en la idea, que es la que nos percibe concebir

---

[13] *Ibidem.,* p. 85.
[14] *Idem.*
[15] *Ibidem,* p. 86.

tantos objetos distintos en la realidad y poder remitirlos a su misma «rojeidad». Pero aquí la idea no presupone, necesariamente, un mundo aparte, autofundado y existente por sí mismo, como querría Platón (el fenomenólogo no niega ni afirma tal posibilidad), sino que se desprende como resultado del encuentro de un «en sí» cuya naturaleza última se nos escapa, pero que en su constitución en la conciencia se da teniendo como presupuesto necesario la idea del rojo, que me permite ver tantos objetos rojos cuantos se me manifiestan, siendo esa su esencia constitutiva. Lo que importa al fenomenólogo es, una vez más, *el encuentro*: tal encuentro es lo que nos hace aprehensible el mundo y la experiencia, sin por ello despejar el misterio sobre su naturaleza última.

Ahora bien: ¿no recae todo lo que acabamos de elaborar en un grosero psicologismo? A decir verdad, la fenomenología nace precisamente para acabar con el psicologismo. El ejercicio de reducción fenomenológica (de *epoché*) atañe, en primer y señero lugar, a disipar algunas ideas preconcebidas sobre la naturaleza de la conciencia y de sus modos de operación: «en efecto, con el fin de disipar el malestar invocado, el segundo tomo de las *Investigaciones lógicas* [de Husserl] se propuso como tarea investigar si verdaderamente los objetos y las verdades, en particular las verdades lógicas, se manifiestan a la mente de una manera que permita distinguirlas de lo que es psíquico o inmanente.»[16] La primera constatación fundamental, en la que Husserl parece estar discutiendo con Descartes, atañe a lo que ya hemos referido como el *carácter intencional* de la conciencia. La tesis, *grosso modo,* es que en todo acto de conciencia se revela, por su misma esencia, como dirigido hacia un objeto que le es trascendente. Pero escuchemos la elaboración más detenida de Héring:

> Una percepción tanto como una representación que no fuera una percepción o representación de un objeto (no inmanente al acto mismo); un conocimiento o un juicio que no estuviera referido al hecho de que A es B; un deseo o una culpa que estuvieran privadas de toda dirección tendiendo

---

[16] *Ibidem.*, p. 75.

hacia un acto determinando o no, estarían no solamente incompletos, sino *desprovistos de sentido*. Asimismo, sería incompatible con la naturaleza innegable de estos actos, querer situar en ellos mismos el objeto al que se dirigen. El árbol percibido dejaría de ser percibido si no se contrapone al acto que vemos que se trasciende a sí mismo alcanzando mentalmente lo que no está en él. Este hecho absolutamente *sui generis* y sin analogía en las relaciones reales de cosas es el que se trata de constatar imparcialmente y sin intentar falsear el carácter a través del uso de alguna categoría causal o espacial que introducirían, en la base misma de la epistemología, la hipótesis de un mundo real del que ella no sabe nada aún. No debemos equivocarnos: el objeto intencional no existe necesariamente en sentido ontológico. Pero en ningún caso no puede no existir en el interior de la conciencia.

De inmediato desaparecerán todos estos nefastos seres fantasmagóricos que la epistemología naturalista se había visto forzada a intercalar entre el sujeto y el objeto: imágenes, copias y dobles mentales que atormentaban la mente, y que siendo por definición los únicos conocidos, ingenuamente se les declara semejantes a una supuesta realidad exterior incontinua e incognoscible que sería la causa o una de las causas. Imágenes que, además, por ser conscientes tendrían que ser inmanentes a la conciencia, lo cual seguramente les quitaría todo deseo de tomar una naturaleza espacial. Las sensaciones son lo verdaderamente inmanente. Pero lejos de coincidir con el objeto al que se refieren, estas solo proporcionan la *hylé* a la visión que las trasciende formándolas a través del sentido que esta le da.

En cuanto a los objetos o correlatos intencionales de la conciencia, no tiene ninguna necesidad la fenomenología de idealizarlos. Tampoco será más realista en el sentido metafísico. Su realismo será, por así decirlo, puramente descriptivo. Y es en este sentido en el que el término objeto debe ser tomado hasta nuevo aviso. Rechazará igualmente todo fenomenismo que implique, a su vez, un dogma metafísico, esta vez en sentido negativo. Esta *epoché* que la fenomenología de la conciencia se impone en relación con los juicios existenciales sobre el mundo de los objetos e incluso de los sujetos es lo que Husserl llama *reducción fenomenológica* por excelencia.[17]

Dado que nuestro trabajo no busca ser un tratado sobre fenomenología, atengámonos a lo que, de cara a nuestro texto, será fundamental. Reparemos, en primer lugar, en que arrastramos, culturalmente

---

[17] Ibidem., p. 77-79.

hablando, una serie de prejuicios, de preconcepciones, sobre el mundo, sobre el ser humano y sobre la conciencia. Tales preconcepciones, a menudo dogmáticas, son las que la fenomenología procura desmontar. El primer prejuicio señero es la idea, extraña si se piensa a fondo, de que la conciencia tendría algo así como contenidos propios, interiores a sí, sin referencia al mundo «exterior». Aquí se ve la impronta de las *Meditaciones metafísicas* cartesianas, según las cuales se ha de cerrar la puerta al mundo exterior para encontrar en el fondo de la conciencia alguna certidumbre no susceptible de ser puesta en duda: «pienso que pienso». Tal sería un pensamiento interior a la consciencia, según Descartes, punto de apoyo de la certeza por no remitir a ningún exterior de ella. Pero, según lo apuntado por Héring (de mano de Husserl), esto es ya una asunción demasiado grande y dogmática: incluso en el «pienso que pienso» hay una re-flexión, una salida de la conciencia al encuentro de un correlato intencional («que pienso»). Dicho en otras palabras: no hay acto de la conciencia que pueda ser interior a sí misma. Incluso el pensamiento es ya una captación de algo exterior a ella misma. Lo único inmanente a la conciencia son las sensaciones mediante las cuales la conciencia capta cualquier correlato intencional. Es decir: no puede existir el psicologismo, si por ello entendemos contenidos exclusivamente psíquicos. No existe un contenido tal: la conciencia es, más bien, el lugar donde se con-forman objetos cuya realidad exterior está presupuesta, pero de cuya esencia nada sabemos. Todo contenido, incluso si parece ser interior a la conciencia, se da en virtud de un encuentro de ésta y un objeto intencional siempre exterior y trascendente a ella.

Como ya apuntamos más arriba, en virtud de su espíritu a-dogmático, la fenomenología no se pronuncia sobre la existencia ontológica, mucho menos histórico-efectual de cualquiera de tales objetos intencionales. Pero tiene claras dos cosas: todo acto de conciencia implica un modo de constituir (esto sería la inmanencia) y un objeto intencional siempre trascendente a la misma: el encuentro de ambos es el fenómeno. *Y la esencia constitutiva de un fenómeno será aquella combinación sin la cual tal fenómeno no se dona, no se muestra.* Sobre esta esencia constitutiva tampoco se pronunciará la fenomenología por su existencia ontológica, mas seguirá siendo válida en cuanto esencia constitutiva de tal fenómeno. Con el ejemplo del color rojo ya hemos establecido la pertinencia de una operación tal: el rojo existe en su constitución en la conciencia, esa es toda la evidencia, y en esa medida la idea del rojo está presupuesta en la aprehensión fenoménica de cualquier «rojeidad», sin por ello tener que pronunciarnos sobre la esencia física o metafísica del «rojo en sí».

Es interesante reparar, sin embargo, en que además de Platón y Kant, también hay una referencia implícita a Aristóteles y su hyle-mor-fismo. El planteamiento de la fenomenología es tan radical que va en contra del sentido común: en la cita anterior lo que tenemos es que la conciencia es la que aporta la *hylé*, la materia, lo que imaginaríamos teniendo una existencia física y auto-subsistente allí fuera, cosa que la fenomenología pone en entredicho. Intentemos ser muy finos en la siguiente ponderación: la fenomenología no es idealismo en el sentido de que niegue la existencia de la materia, sino que advierte que aquello que llamamos materia se conforma en la conciencia. De que hay algo «allí fuera», de que la conciencia está captando un objeto exterior a sí misma, no podemos dudar, pero tampoco podemos conocer cuál sea la naturaleza de eso exterior (tal naturaleza sería, en la fenomenología, puesta entre paréntesis). Lo que sabemos es que en su conformación en nuestra conciencia se revela como tal materia, por lo cual la *hylé* está aportada por la conciencia. Y la aportación de tal *hylé* mediante la intencionalidad está íntimamente relacionada con la aparición del sentido: es en virtud del sentido que el objeto se conforma de tal o cual modo. Apuntemos al margen que esto no parece estar lejos de algunos planteamientos novedosos de la física teórica[18], y que quizá sea también un modo interesante de volver a pensar en la *encarnación* del logos cristiano. Retomaremos esta última cuestión más adelante.

---

[18] Véase, por ejemplo, M. Talabot, "Conciencia y realidad", en *Misticismo y física moderna*, pp. 27-68.

Tomando lo anterior como base, empecemos a vislumbrar cuál es la pertinencia de la fenomenología para el estudio del hecho religioso. Empecemos por decir que, en efecto, la fenomenología *nos enseña a ver* numerosos objetos que no se podrían clasificar «ni entre los datos sensibles, ni entre los datos inmanentes, a no ser ensanchando el sentido de lo inmanente al punto de hacerla eclosionar.»[19] Tomemos, por ejemplo, los objetos denominados *valores*. ¿Es la belleza un dato empírico o es de naturaleza puramente formal? La fenomenología dirá: ni lo uno ni lo otro. Si descomponemos y comparamos todos los «datos empíricos» que tienen el mismo valor, por ejemplo, todos los objetos que merecen el epíteto de amable, encantador, sublime, bello, «no se encontrará allí ninguna cualificación común que recelaría el secreto de su valor. Al contrario, esta sería una esencia primera e indefinible.»[20] ¿Se trata, entonces, de algo que el observador añade al objeto mediante sus contenidos inmanentes? Pero ya constatamos que tal cosa es imposible: los actos por los cuales percibimos un valor, en este caso la belleza, son percepciones, actos intencionales (actos, por tanto, trascendentes a la conciencia misma), mediante los cuales un objeto se nos muestra: las sensaciones de la conciencia aportan la *hylé*, pues conforman el objeto, pero las sensaciones son incapaces de producir por sí mismas su objeto. Y, en realidad, la constatación de la aportación de la *hylé* por la conciencia se presupone con posterioridad al fenómeno, puesto que el fenómeno es lo primario. En este caso, la precondición para que un objeto se muestre como bello es un cierto calor emotivo[21], que sea sentido por el corazón en cuanto bello: es decir, es la sensación de la belleza la que funda la belleza. La belleza, entonces, se definirá fenomenológicamente por este encuentro entre una cosa susceptible de ser sentida como bella y la efectivización de tal tonalidad emocional en una conciencia particular. Dicho en otras palabras, la belleza no será ni subjetiva ni

---

[19] *Ibidem.*, p. 111.
[20] *Ibidem.*, p. 113.
[21] *Idem.*

objetiva, entendidas en sentido corriente sino un misterioso encuentro: un «entre», del mismo modo que la idea del color rojo está presupuesta y es anterior a cualquier percepción de un objeto rojo, aunque sea solo a partir del fenómeno que la idea se haga efectiva. En resumen, podemos decir: la belleza es una *donación* primordial, y esta donación primordial es la esencia constitutiva del fenómeno. Tal encuentro se conforma o actualiza en la conciencia, sin por ello ser «producido» por ella.

Habiendo puesto el anterior ejemplo estamos, ahora sí, en condiciones de inscribir en qué sentido tomaremos la fenomenología para el estudio del hecho religioso. Héring toma como referencia principal a Rudolf Otto y su *Das Heilige,* que también será una obra fundamental para nuestro estudio. Según lo que ya hemos establecido hasta aquí, habiendo establecido los recaudos metodológicos necesarios, podemos indicar, con Héring, con Otto e incluso con Martín Velasco (a quien remitiremos en breve), lo siguiente: la esencia constitutiva, la donación primordial, el *a priori* que estará sobre la base de cualquier hecho religioso es la experiencia *(Erlebnis)* de lo numinoso. La fenomenología verá en lo numinoso «una esencia-valor especial cuya visión puede, según las circunstancias, ser desencadenada por datos empíricos de orden muy diverso, pero cuyo estudio intrínseco será independiente del de estas llamadas encarnaciones accidentales.»[22] Tanto para Héring como para Otto esta experiencia es la precondición necesaria para cualquier elaboración conceptual sobre el hecho religioso, de modo que será incluso la precondición para la teología. En efecto, para la teología es posible llegar a pronunciarse sobre la relación entre Dios y el Universo, «pero no antes de haber tenido acceso a Dios a través de los vínculos que lo unen al alma humana.»[23] Todo cuanto sea susceptible de ser elaborado racionalmente con posterity, en el orden de la fenomenología de la religión, tendrá que ser hallado previamente por la intuición. Tales intuiciones se las podría designar como «experimentales, dado

---

[22] *Ibidem.*, p. 117.
[23] *Ibidem.*, p. 119.

que únicamente las comprende quien es capaz de tener una experiencia religiosa o, al menos, de ponerse en el lugar de quienes la realizan. En definitiva, sea cual fuera la terminología que se decide adoptar, es aquí donde encontramos justificado por la fenomenología el sentido del *a priori* religioso.»[24]

La fenomenología de la religión es, en este punto, bastante radical, y no esquiva las dificultades de su propio planteamiento, pues está consciente de que «la experiencia religiosa es algo difícil de obtener y está sometida a condiciones muy particulares.»[25] En la fenomenología se insiste en que los fenómenos, aparentemente dados, en realidad son constituidos en la conciencia. Aquí estamos, sin embargo, ante una dificultad adicional, puesto que estamos frente a un fenómeno del orden de lo extra-ordinario, cuyo carácter de no-dado se refuerza aún más. Esto ya veda el camino para quien no haya tenido en sí mismo experiencias de esta índole, o para quien no esté dispuesto a tenerlas: «nunca un fenomenólogo ha pretendido que todas las verdades fuesen intuitivamente accesibles a todos los hombres. Scheler enseña de modo explícito que el horizonte filosófico del sujeto se extiende en función del esfuerzo de auto-espiritualización que procura.»[26] Rudolf Otto, en una línea similar, establece de manera contundente, en las primeras páginas de su *Das Heilige* (*Lo santo*), lo siguiente: «invitamos ahora al lector a que actualice en su memoria y examine un momento de fuerte conmoción, lo más exclusivamente religiosa que sea posible. Quien no logre representárselo o no experimente momentos de esa especie, debe renunciar a la lectura de este libro.»[27]

Esto podría parecer una cerrazón arbitraria, una exclusión gratuita, pero en realidad todo ello se desprende de la naturaleza del objeto en cuestión (cosa que ya establecimos como principio fenomenológico

---

[24] *Ibidem.*, p. 127-128.
[25] *Ibidem.*, p. 145.
[26] *Ibidem.*, p. 59.
[27] R. Otto, *Lo santo. Lo racional y lo irracional en la idea de Dios*, p. 52.

esencial). En un sentido fenomenológico, sería una necedad que un ciego procurara hacer un tratado sobre el color rojo, del mismo modo que sin la experiencia de lo numinoso no hay estudio posible del hecho religioso (en términos fenomenológicos). Y esto ya empieza a vincular la fenomenología con cuanto queremos traer a colación a propósito de Meister Eckhart y Henry Corbin: aquí ha de ser ganada previamente una cierta semejanza—una cierta sintonía—con el objeto que nos ocupa, que nos convoca. Lo que nosotros estamos haciendo aquí es simplemente establecer que, en un campo de los estudios académicos contemporáneos hay una vía mediante la cual inscribir elaboraciones análogas que encontramos en Eckhart o en Corbin. Ciertamente para ellos el excurso y el recurso a la fenomenología sería superfluo, pues no lo necesitan. Mas ha sido necesario, o pertinente, por el horizonte desde el cual los apelamos nosotros. Podríamos decir, en otros términos, que la fenomenología de la religión ha logrado establecer, teórica y metodológicamente, lo que ya en muchas tradiciones espirituales ha sido indicado en otros términos: las verdades espirituales, para ser comprendidas, han de tener como correlato un estado de consciencia capaz de acogerlas, capaz de «encarnarlas». Donde la fenomenología se detiene, sin embargo, es en el paso a la metafísica, sobre la cual no se pronuncia: se limita a constatar los fenómenos en sus esencias constitutivas de mostración. De este modo, un teólogo puede tomar la fenomenología para después ir más allá de ella, o bien un fenomenólogo puede aproximarse a cuestiones que rozan con la teología, sin por ello pronunciarse teológicamente respecto a ellas.

Continuando con la elaboración de la mirada fenomenológica para el estudio del hecho religioso, encontramos también en Martín Velasco lo que veníamos indicando de mano de Héring y de Otto: partiendo de que la fenomenología atañe más a la comprensión (*Verstehen*) que a la explicación (*Erklären*)—que sería el modo de explicación «científico»—indica el autor que la comprensión presupone «una especie de participación en la vivencia del sujeto religioso, que exige en el intérprete una especie de *sensorium* especial para la captación de esos significados.»[28] Si bien Martín Velasco objeta que tal *sensorium* tenga que ser algo así como un órgano especial suplementario, o que para comprender una religión en particular se tiene que ser practicante suyo desde dentro (esto sería una forma deficiente y limitada de entender la comprensión que está en juego) sí establece, sin embargo, que para la mostración del fenómeno en cuestión es imprescindible algo del orden de una adecuada intencionalidad de la conciencia:

> El intento por captar el fenómeno religioso en cuanto tal exige la referencia a la intención del sujeto, y esto implica una forma de conocimiento diferente de la mera explicación científica. Una sinfonía puede ser estudiada de forma exhaustiva por la acústica sin rozar siquiera su significado de obra estética. El significado, como cristalización de una interioridad, de una conciencia, en una realidad religiosa, exige la referencia a la intencionalidad de esa conciencia para ser captado, y esta referencia nos traslada del orden de la explicación de los hechos objetivos al de la comprensión como método de la interpretación de los hechos humanos, si se los quiere estudiar en cuanto tales.[29]

Por otro lado, Martín Velasco seguirá la estela de Otto al establecer que, efectivamente, lo numinoso como experiencia es el «objeto» de la religión en su estadio previo y más englobante, anterior incluso que su configuración como Dios o los dioses. «En la religión el hombre entra en contacto con lo sagrado, lo numinoso, o lo divino, gracias a un sentido especial, no racional, aunque con alcance cognoscitivo.»[30] Y, yendo más allá de este estadio de condición preliminar, iremos de lo numinoso a lo sagrado, que será establecido como el orden de realidad propio en el que se inscribirán todos los fenómenos religiosos y sus elementos,

---

[28] J. Martín Velasco, *op. cit.*, p. 556.
[29] *Idem.*
[30] *Ibidem.*, p. 559.

como «el mundo definido por la intencionalidad religiosa en referencia a determinados objetos, actos, personas y acontecimientos de la vida.»[31]

Y es habiendo llegado a este punto que podemos revisar, al menos someramente, el modo particular en que autores como Mircea Eliade —colega e interlocutor de Henry Corbin en el Círculo de Eranos— o Martin Heidegger —lector de Eckhart y autor importante para Corbin— utilizaron la mirada fenomenológica para sus propias obras, a veces de modo implícito, a veces de modo más ostensible. Empezando por el caso de Mircea Eliade, volvamos a poner de relieve que, según lo que hemos revisado hasta aquí, es la conciencia, mediante su intencionalidad, la que constituye el objeto (constituir no quiere decir inventar, o producir: se trata de una con-formación, de una formación participativa). No es que haya objetos materiales terminados de una vez y para siempre, susceptibles de ser vistos de una forma idéntica para todos, sino que, por el contrario, el objeto será constituido en función de la intencionalidad con la que se lo mire, de modo que hay una participación entre observador y realidad; o, más bien, no hay una separación neta entre observador y realidad, sino que ambas dimensiones se co-pertenecen.[32] De esto se desprende que lo sagrado como orden de realidad propio estará definido no tanto por sus contenidos, cuanto por «el "clima", la "atmósfera" de significación y de valor que los envuelve»[33]: tal envoltura se constituye a partir de la intencionalidad de

---

[31] *Idem.*

[32] Es interesante vislumbrar el calado que puede llegar a tener esta afirmación, incluso más allá de los márgenes de la fenomenología. Quizá la ciencia misma esté empezando a caer en la cuenta de ello: hoy sabemos que, al nivel de la física subatómica, el elemento más primario al es posible acceder será o bien una partícula o bien una onda, y que el hecho de que sea una cosa o la otra se dará en virtud de la presencia e incidencia del observador. Esto abre rutas insólitas en el estudio y comprensión de las relaciones entre la conciencia y la materia, y la fenomenología tendría que recibir el reconocimiento de digno predecesor en dicho campo, aunque sus postulados hayan sido siempre menos ambiciosos. Véase, por ejemplo, M. Talabot, "Conciencia y realidad", en *Misticismo y física moderna,* trad. Isabela Herranz, Kairós, Barcelona, 1986, pp. 27-68.

[33] J. Martín Velasco, *op. cit.,* p. 559.

la conciencia, que es capaz de ver un objeto aparentemente común en su dimensión hierofánica:

> El hombre entra en conocimiento de lo sagrado porque se *manifiesta,* porque se muestra como algo diferente por completo de lo profano. Para denominar el acto de esta manifestación de lo sagrado hemos propuesto el término de *hierofanía.* […] Podría decirse que la historia de las religiones, de las más primitivas a las más elaboradas, está constituida por una acumulación de hierofanías, por las manifestaciones de las realidades sacras. Se trata siempre del mismo acto misterioso: la manifestación de algo «completamente diferente», de una realidad que no pertenece a nuestro mundo. […]
>
> El occidental moderno experimenta cierto malestar ante ciertas formas de manifestación de lo sagrado: le cuesta trabajo aceptar que, para determinados seres humanos, lo sagrado pueda manifestarse en las piedras o en los árboles. Pero, como se verá enseguida, no se trata de la veneración de una piedra o de un árbol por sí mismos. La piedra sagrada, el árbol sagrado, no son adorados en cuanto tales; lo son precisamente por ser hierofanías, por el hecho de «mostrar» algo que ya no es ni piedra ni árbol, sino lo *sagrado,* lo *ganz andere.* […]
>
> Una piedra sagrada sigue siendo una piedra; aparentemente *(con más exactitud: desde el punto de vista profano)* nada la distingue de las demás piedras. Para quienes aquella piedra se revela como sagrada, su realidad inmediata se transmuta, por el contrario, en realidad sobrenatural. *Para aquellos que tienen una experiencia religiosa, la naturaleza en su totalidad se puede revelar como sacralidad cósmica. El cosmos en su totalidad puede convertirse en una hierofanía.*[34]

Con la cita anterior podemos poner en juego uno de los usos más fructíferos de la fenomenología en el estudio de los hechos religiosos en el siglo pasado, en la obra de quien ha sido ubicado como «no solo un especialista eminente de la fenomenología de las religiones, sino el más importante de todos.»[35] Constatemos, en primer lugar, lo siguiente: la noción que Eliade tiene de lo sagrado es una noción

---

[34] M. Eliade, *Lo sagrado y lo profano,* p. 15.
[35] D. Allen, *Mircea Eliade y el fenómeno religioso,* p. 32.

eminentemente fenomenológica. Se trata de una comprensión que advierte que lo sagrado no se da sino como la *correspondencia* de una mirada abierta a lo sagrado que sale al encuentro de las potencialidades sagradas de cualquier partícula cósmica. Aquí, nuevamente, tiene fundamental preponderancia lo que Eliade alude como «el punto de vista», que desde la fenomenología podríamos llamar la «intencionalidad de la conciencia», pero que con Eliade y Heidegger irá un paso más allá, donde podremos llamarlo, más bien, *el modo de existencia*: un modo de existencia profano será incapaz de salir al encuentro de un cosmos sagrado. Del mismo modo, un modo de existencia sagrado será capaz de mirar el cosmos en su dimensión hierofánica: «la naturaleza en su totalidad se puede revelar como sacralidad cósmica.»

Insistamos en la cuestión de los modos de existencia, puesto que será fundamental para nuestro trabajo. Aquí lograremos vincular la fenomenología de Eliade con la de Heidegger, y también con el material que nos ocupa tanto de Eckhart como de Corbin. Pues ya hemos visto que, en lo que atañe a la fenomenología de la religión, por la naturaleza del «objeto» mismo del hecho religioso, la mirada fenomenológica no se puede agotar en su dimensión meramente teorética. Las religiones implican, para sus fieles, dimensiones mucho más amplias, que involucran, a decir verdad, la vida entera. De modo, entonces, que la capacidad de ganar una mirada sagrada solo podrá ganarse mediante el ejercicio vital en el cual con-sagramos nuestra propia vida:

> Se medirá el abismo que separa las dos modalidades de experiencias, sagrada y profana, al leer las exposiciones sobre el espacio sagrado y la construcción ritual de la morada humana, sobre las variedades de la experiencia religiosa del tiempo, sobre las relaciones del hombre religioso con la naturaleza, sobre la consagración de la vida misma del hombre y la sacralidad de que pueden revestirse sus funciones vitales (alimentos, sexualidad, trabajo, etc.). Bastará con recordar en qué se han convertido para el hombre moderno arreligioso la ciudad o la casa, la naturaleza, los utensilios o el trabajo, para captar a lo vivo lo que lo distingue de un hombre perteneciente a las sociedades arcaicas. Para la conciencia moderna, un acto fisiológico—la alimentación, la sexualidad, etc.—no es más que un

proceso orgánico, pero para el hombre «primitivo» un acto tal no es nunca simplemente fisiológico; es, o puede llegar a serlo, un «sacramento», una comunión con lo sagrado.

El lector se dará cuenta enseguida de que *lo sagrado* y *lo profano* constituyen dos modalidades de estar en el mundo, dos situaciones existenciales asumidas por el hombre a lo largo de su historia.[36]

Aquí nos volvemos a encontrar con lo fundamental, plenamente inscrito en la dimensión fenomenológica: tomemos una función vital cualquiera, como la alimentación o la sexualidad. Aún cuando se ejerza mediante los mismos «órganos corporales», ¿se trata de la *misma* función para el hombre sagrado que para el hombre profano? ¿Se trata, en un caso y en el otro, del mismo *fenómeno*? Es claro que no. Por eso apuntábamos más arriba, con Martín Velasco, que la cualidad de lo sagrado no está dada tanto por los contenidos o elementos materiales, cuanto por la atmósfera de la que tales elementos se impregnan. Y también habría que indicar aquí que no se trata, como es claro, de meros «puntos de vista», como si tales puntos de vista fueran anteojos que se intercambian en cualquier momento y a placer. Implica modos de existencia, modos de estar en el mundo, modos de habitar el cosmos y de habitar el alma: de todo lo anterior se desprende lo que fenomenológicamente hablando se llama la «intencionalidad».

Otro autor que miró la necesidad de ampliar la noción de fenomenología más allá de los marcos husserlianos fue Martin Heidegger. Lo que más arriba aludimos como la «transformación hermenéutica de la fenomenología» es algo que se desprende, al menos en parte, de los intentos tempranos del joven Heidegger por elaborar una «fenomenología de la religión». Es evidente la importancia de los cursos sobre las epístolas de San Pablo y sobre las *Confesiones* de San Agustín de cara a lo que terminaría siendo, en 1927, *Ser y tiempo*. Explorar estas relaciones bastaría para una tesis aparte, de modo que nos limitaremos a revisar algunas cuestiones fundamentales de la incipiente (y pronto abandonada, aunque quizá solo

---

[36] Mircea Eliade, *op. cit.,* p. 17.

en apariencia) fenomenología de la religión preparada por el pensador de Messkirch. Esto será importante, pues la obra de Heidegger es, quizá, una de las referencias más directas para vincular a Eckhart y a Corbin, ya que Corbin fue el primer traductor al francés de la obra heideggeriana, y al mismo tiempo Eckhart fue una referencia constante para Heidegger, sobre todo hacia el final de su obra. Pero además encontraremos esta vinculación en un sentido indirecto, precisamente en virtud de lo que Heidegger legó a la fenomenología de la religión.

De la fenomenología de la religión nos interesaba establecer, para los fines de nuestro trabajo, al menos los siguientes puntos: en primer lugar, la reivindicación de que, en la fenomenología, se trata de acomodar la mirada al objeto para desprender de este sus modos propicios de mostración; en segundo lugar, la constatación de que, dado que el objeto se muestra *ante* la conciencia, dado que se constituye en ella, es imprescindible *salir a su encuentro* para llevar el objeto a su mostración: máxime en la experiencia religiosa, que involucra experiencias a menudo de difícil acceso. Acomodación a la sintonía del «objeto» para devenir el lugar de su manifestación son los dos elementos principales que hemos querido señalar, pero estos a su vez dan como resultado lo siguiente: un modo de vida. Esto es lo que estamos añadiendo con Eliade y Heidegger. Se trata, en el hecho religioso, de «objetos intencionales» cuya esencia constitutiva requiere del ser humano no solo una sensibilidad y una intencionalidad especial, sino en definitiva un modo de existencia capaz de acoger tales experiencias. Se trata de objetos que aparecen en la medida en que nos disponemos existencialmente de ciertos modos, y al mismo tiempo son objetos que, en la medida de su aparición paulatina, transforman también sucesivamente nuestros modos de vida. Esto ya lo pusimos de relieve, al menos someramente, con las citas de Eliade, donde se distinguió el modo de ser del hombre profano del modo de ser del hombre consagrado. Para explorar esta última dimensión, y con vistas a cerrar esta introducción metodológica, revisemos algunas cuestiones fundamentales de la obra heideggeriana temprana, que nos ayudarán a llevar el planteamiento un paso más allá, en la dirección ya mentada.

Empecemos por recapitular que, en un sentido histórico, el quizá primer gran libro de fenomenología de la religión fue el ya mentado *Das Heilige* de Rudolf Otto. Lo que en él encontramos es que la experiencia fundamental que subyace a cualquier hecho religioso es la experiencia de lo *numinoso*, que atañe a la experiencia de lo absolutamente heterogéneo, a la conmoción específicamente religiosa ante la prepotencia de lo absolutamente Otro, a aquello que pulsa

> en los arrebatos y en las explosiones de la devoción religiosa, en todas las manifestaciones de la religiosidad, en la solemnidad y entonación de ritos y cultos, en todo cuanto se agite, urde, palpita en torno a templos, iglesias, edificios y monumentos religiosos. La expresión que más próxima se nos ofrece para compendiar todo esto es la de *mysterium tremendum*.
>
> El *tremendo misterio* puede ser sentido de varias maneras. Puede penetrar con suave flujo el ánimo, en la forma del sentimiento sosegado de la devoción absorta. Puede estallar de súbito en el espíritu, entre embates y convulsiones. Puede llevar a la embriaguez, al arrobo, al éxtasis. Puede hundir al alma en horrores y espantos casi brujescos. Tiene manifestaciones y grados elementales, toscos y bárbaros, y evoluciona hacia estadios más refinados, más puros y transfigurados.[37]

La cita anterior nos permite, por un lado, delimitar la clase de experiencia que pone en juego lo numinoso. Pero lo que fundamentalmente queremos referir es que una tal experiencia es simplemente el comienzo de un proceso de revelación sucesiva. Es decir: el hecho específicamente religioso no se agota meramente en el arrobo o en el éxtasis, sino que se continúa en un camino de vida que, en términos heideggerianos, será entendido como un «entrar en un complejo efectual con Dios.»[38] Se trata de la aceptación de un talante de vida particular.

En el caso de Otto será de este modo: mientras que lo numinoso es tan solo la experiencia primordial, el pleno despliegue y «evolución» del camino desembocará en lo que será la noción fundamental para Otto:

---

[37] R. Otto, *op. cit.*, p. 59.
[38] M. Heidegger, *Introducción a la fenomenología de la religión*, p. 124.

lo santo (*das Heilige*). Si bien el carácter «evolucionista» de tal camino es discutible para muchos estudiosos del fenómeno religioso, lo que nosotros querríamos tomar de aquí es el despliegue en el tiempo de la experiencia religiosa. Y será en tal despliegue en el tiempo que podemos introducir la obra de Heidegger: para él, en efecto, lo fundamental, incluso a nivel fenomenológico, no será tanto la experiencia primordial, sino la experiencia vital que tal experiencia inaugura.

La obra que fundamentalmente trataremos aquí ha sido traducida como *Introducción a la fenomenología de la religión*. Se trata, en realidad, de un curso dictado por Heidegger entre 1920 y 1921, en el que Heidegger hace una lectura fenomenológica de las epístolas del apóstol San Pablo de Tarso, por considerarlas el elemento en el que puede leerse con mayor nitidez el «espíritu» del cristianismo primitivo. Este es un curso que al mismo tiempo puede mostrarnos el incipiente proyecto de una fenomenología de la religión, pronto abandonado (quizá solo en apariencia) por Heidegger, al mismo tiempo que los primeros pasos de la ya mentada transformación hermenéutica de la fenomenología. Este «giro hermenéutico» no habría que entenderlo, sin embargo, en el sentido técnico que tiene ordinariamente en la tradición filosófica, entendida la hermenéutica como una disciplina técnica de interpretación de los textos. A Heidegger lo que le interesa, fenomenológicamente hablando, es la existencia: es decir, la vida fáctica en su donación. Será precisamente en función del proyecto de una «fenomenología del *Dasein*», de una fenomenología de nuestro ser-ahí, de nuestra existencia, que Heidegger constatará que la vida se nos muestra, que se nos abre, como un hecho a interpretar. Será en esta medida que Heidegger llegará a la hermenéutica, haciendo explotar también los marcos de ésta, pues entenderá que, más allá de los límites de una disciplina técnica o metodológica, *la hermenéutica es el modo fundamental de nuestro ser*, que somos un *ens hermeneticum*. Será así, entonces, que por inspiración fenomenológica llegará a lo que será llamado una «hermenéutica de la facticidad», entendiendo por esta «la filosofía que tiene por objeto la existencia humana, comprendida de manera radical como "ser hermenéutico".»[39]

Ahora bien, es verdad que lo aquí aludido tardará algunos años más en asentarse plenamente, llegando a su culminación en *Ser y tiempo* (1927). No deja de ser cierto, sin embargo, que la obra que nos ocupa permite entrever los modos en que tales comprensiones se fueron gestando en el tiempo. Tanto la lectura fenomenológica sobre San Pablo como la lectura fenomenológica sobre San Agustín serán fundamentales para entender los cimientos sobre la «hermenéutica de la facticidad». Pues veremos que, en la lectura que hace Heidegger de las epístolas paulinas, lo fundamental está puesto precisamente en el *talante de vida cristiano*: en su modo ser, en su modo de interpretar la existencia, de abrirse a ella. Para los propósitos de nuestro texto, lo que ganaremos con Heidegger será entender que acaso lo más importante que pone en juego el hecho religioso es *la clase de existencia a la que nos convoca*, el modo en que nos hace «entrar en un complejo efectual con Dios», afectando al cómo del comportarse en la vida fáctica. Pues de San Pablo conocemos su famosa conversión en el camino a Damasco, relatada en los Hechos de los Apóstoles [9,3-6]. En términos de Otto, podríamos decir que esta es la experiencia numinosa primordial de la vida cristiana de Pablo. Para Heidegger este será, sin embargo, tan solo el inicio de un largo recorrido: de la conversión se llega a un «haber llegado a ser en Cristo» que exige una serie de pasos sucesivos que se cumplen en el tiempo, y que atañen no solo a lo que Pablo puso en marcha en su vida, sino al sentido de su vida como apóstol, al sentido de su proclamación ante las diversas comunidades a quienes dirigía sus epístolas. Heidegger lo dice de este modo:

> El haber llegado a ser se entiende de tal modo que, al aceptar, los que aceptan entran en un complejo efectual con Dios. παρελάβειτε: vosotros habéis

---

[39] J. Grondin, "El giro existencial de la hermenéutica en Heidegger", en *¿Qué es hermenéutica?*, p. 46.

aceptado el *cómo* del talante vital cristiano. Lo que es aceptado afecta al cómo del comportarse en la vida fáctica.

Hemos definido, pues, el γενέσθαι [llegar a ser] mediante el δέχεσθαι [aceptar], además por el παραλαμβάνειν [tomar, ser tomado]. Lo que se acepta es el cómo del comportarse. Se trata de un *giro radical*, de un *girarse* hacia Dios. El absoluto giro dentro del sentido ejecutivo de la vida fáctica se explicita en dos direcciones δουλεύειν [servir] y ἀναμένειν [aguardar], un caminar ante Dios y un persistir. […]

El aceptar consiste en colocarse dentro de la necesidad de la vida. Con ello está vinculada la alegría que procede del Espíritu Santo y es ininteligible para la vida. Παραλαμβάνειν no quiere decir un pertenecer, sino un aceptar ganando una conexión efectual viva con Dios. El estar presente de Dios posee la relación básica al modo de vida. El aceptar es en sí mismo un caminar ante Dios.[40]

Como podemos ver, la experiencia vital del cristianismo primitivo atañe no solo a la experiencia numinosa de Cristo en meditación solitaria, aunque ésta también sea fundamental, sino también a un modo de vida que se acepta, a un yugo que se asume, a un camino que se transita. A partir de entonces la vida se ve de determinada manera, se «interpreta» de un modo singular, y se interpreta no como ejercicio meramente intelectual, sino como ejercicio vital concreto: esto será fundamental para los propósitos de nuestro trabajo. Podríamos detenernos mucho en estas lecciones sobre San Pablo, que son de una riqueza extraordinaria. Solo aludiremos, sin embargo, a dos cuestiones más: por un lado, en el afán de seguir entendiendo de qué modo la experiencia cristiana primitiva alude a una transformación radical y completa de la vida fáctica misma, veamos el modo en que Heidegger lee la cuestión de la expectativa de la *parousía* en las epístolas paulinas, que es sin duda el temple fundamental que atraviesa la experiencia cristiana primitiva, y el que construye su temporalidad propia. Pues, en efecto, y una vez más, la *parousía* no tendrá, en San Pablo, solamente el sentido de la

---

[40] M. Heidegger, *Introducción a la fenomenología de la religión*, p. 124.

esperanza en un acontecimiento futuro, sino que implicará el modo en el que vivimos el hoy, cada momento de la vida fáctica en su mostrarse:

> Éste [Pablo] no piensa ni por un momento en responder a la cuestión del cuándo de la *parousía*. El cuándo está determinado por el cómo del comportarse, que, a su vez, es determinado por el ejercicio de la experiencia fáctica de la vida en cada uno de sus momentos.[41]
>
> La cuestión del "cuándo" [de la *parousía*] se retrotrae a mi comportamiento. Como la *parousía* está en mi vida, ésta remite al ejercicio de la vida misma.[42]
>
> Para el cristiano solo cabe que sea decisivo el τὸ νῦν [el ahora] del complejo ejecutivo en el que está inscrito realmente, y no la expectativa de un acontecimiento destacado que está en el futuro. […] De aquella conexión ejecutiva con Dios nace algo así como la temporalidad.[43]
>
> Todos los complejos ejecutivos primarios [cristianos] confluyen en Dios y se ejercen sólo delante de Dios. A la vez es el ἀναμένειν un aguardar delante de Dios que no remite a las significatividades de un contenido futuro, sino a Dios. El sentido de la temporalidad se determina por la relación fundamental con Dios de tal manera, sin embargo, que sólo quien vive ejecutivamente la temporalidad puede entender la eternidad. Sólo a partir de estos complejos ejecutivos puede entenderse el sentido del ser de Dios. Recorrerlos es la condición previa.[44]

Atender a cuanto Heidegger elabora en torno a la *parousía* en las epístolas paulinas es fundamental para nuestro trabajo, en la siguiente medida: nos pone sobre el tapete que la Presencia, la Venida, del Señor no es un acontecimiento que pasivamente se aguarde, sino que se trata de un acontecimiento *que el Fiel ha de preparar con su propia vida*, con el cómo de su vivir fáctico. Es decir: Heidegger entiende que la cuestión de la *parousía* es fundamental para la construcción de la temporalidad propia del cristianismo, pero no, como quizá después se leyó, como un

---

[41] *Ibidem.*, p. 135.
[42] *Ibidem.*, p. 132.
[43] *Ibidem.*, p. 143.
[44] *Ibidem.*, p. 146.

mero aguardar pasivo, sino que tal Presencia debe ser propiciada por el Fiel en el mundo, en su actividad en el mundo: tal es incluso la misión de Pablo como apóstol. La *parousía* es una dimensión que construye la temporalidad sagrada, es verdad, y que incluso nos relaciona con la eternidad: pero recorrer los complejos ejecutivos de Dios, sus caminos, es la condición previa. Con lo cual la eternidad será una dimensión de la propia vida que nos será dada en la medida en que vivamos de cierto modo: cumpliendo la voluntad de Dios. Esto cobrará una importancia central más tarde, cuando comprendamos de qué manera estas cuestiones (presencia de Dios, eternidad) deben ser «activadas» por el ser humano mediante la consagración de su existencia en una dirección determinada. El tiempo será así entendido como el *ahí* donde tiene lugar el despliegue del Dios dialógico: nuestra noción de dia-logos ya implica el tiempo. *El tiempo es la condición necesaria para el despliegue de tal logos, y el tiempo atañe solamente al ser humano.* La esencia metafísica de Dios ya está desplegada, no se cuida ni de tiempos ni de diálogos: tal despliegue y tal diálogo es el modo en que el logos divino puede desplegarse *para el ser humano*. Con Heidegger podemos ver aquí que la relación con Dios instituye la *verdadera temporalidad*: es decir, el tiempo sagrado. No el mero pasar del tiempo cronológico y profano, sino la dimensión en la que entendemos cuál es el verdadero sentido del tiempo: la posibilidad del despliegue de Dios ante su «testigo», ante su Fiel.

Lo último que querríamos tomar de la obra heideggeriana, que nos servirá para aventurar una conciliación posible entre Eckhart y Corbin, atañe a la historicidad ineludible de la facticidad. Recapitulemos: Heidegger, parte de la fenomenología (no la abandona), y se propone hacer una fenomenología del *Dasein,* del ser-ahí, de *nuestro* ser-ahí, de la existencia. En el ejercicio de llevar la existencia a su plena mostración encuentra y asume varias cuestiones, de las cuales remarcamos dos: en primer lugar, que la existencia es en sí misma interpretación, que el modo de ser fundamental del *Dasein* es hermenéutico, pues la existencia se nos abre siempre y en cada caso mediante una facticidad concreta. «La facticidad designa aquí la existencia concreta e individual que no es para nosotros un objeto [en sentido corriente], sino una aventura a la que hemos sido lanzados y a la que podemos prestar atención de una manera expresa o no.»[45] Pero también comprende, en el ejercicio de llevar el modo en que se nos da el ser a su mostración, que la existencia se nos abre siempre y en cada caso desde un cierto horizonte histórico, lo que en términos de Gadamer se llamará después un «horizonte de comprensión». No se trata aquí de la historiografía, sino del modo a través del cual se nos abre la experiencia del mundo, de los modos en que nuestro horizonte ha sido significado: el mundo se nos dona dentro de una interpretación, y esta es siempre histórica. Esta es una cuestión fundamental, que no dejará de aparecer a lo largo de la obra de Heidegger. Haciendo un salto quizá demasiado grande, y solo por mor de poner sobre el tapete lo que nos ocupa, indiquemos que, en definitiva, una de las críticas de Heidegger a la metafísica occidental es que ésta ha pensado que el sentido del ser se nos da mediante estructuras idénticas o estáticas, en una aparente «neutralidad metafísica». Lejos de ello, Heidegger entiende, sobre todo a partir de 1936[46], que la donación del sentido del ser es onto-histórica: atañe al horizonte histórico del ser y al mismo tiempo da cuenta de una epocalidad de sentido del ser. A pesar de que, como ya dijimos, esto se asentará con mayor nitidez a partir de 1936, nosotros no creemos exagerado, sin embargo, leer tal proyecto, al menos en ciernes, en las lecciones sobre las epístolas paulinas. Creemos que allí ya se pone en juego, en definitiva, que la experiencia cristiana primitiva construye una particular relación con el tiempo y con el ser que al mismo tiempo conecta con un sentido epocal y funda una era histórica de sentido: aquella propia de la era medieval.

Esta cuestión nos interesa porque nos permitirá sopesar las propuestas de Eckhart y Corbin en su justa medida: en la medida del horizonte

---

[45] J. Grondin, *op. cit.,* p. 47.

[46] Es en 1936 donde se da el giro hacia el pensar onto-histórico, como señala R. González Padilla, "Temporalidad, sentido y temples de ánimo fundamentales", en *Studia Heideggeriana,* Vol. X, Sociedad Iberoamericana de Estudios Heideggerianos, Buenos Aires, 2021, p. 229.

de sentido que cada una de las dos propuestas abre. La conciliación de orden fenomenológico responderá, entonces, a que, más allá de sus diferencias, ambas propuestas están enraizadas en un fenómeno común, que atañe al carácter dialógico de la relación con Dios: con el hacernos en *su medida*. Después, tal fenómeno podrá expresarse en unos términos o en otros, y esto en función de la facticidad concreta de cada cual: facticidad que incluye lo histórico, pero que involucra también diferencias en los complejos ejecutivos en los que cada uno se desenvuelve: en un caso en la vida contemplativo-monástica y en el otro en una vida no menos espiritual, pero «activa», en el sentido de que su despliegue implica una realización en el mundo. Esto será desarrollado con detenimiento más adelante, por el momento valga tan solo apuntarlo. Con esto cerramos el excurso por la fenomenología y su pertinencia a nuestro trabajo. Pasemos ahora a vislumbrar los modos concretos en los que estas herramientas se pondrán en juego para leer las obras de Henry Corbin y Meister Eckhart, siempre sobre la base de cuanto nos interesa: el dia-logos que florece entre el Amado divino y el amante humano.

3. ESTANCIAS DEL DIA-LOGOS SAGRADO: ENTRE ECKHART Y CORBIN

3.1 Punto de partida común: el dia-logos que ha de florecer como prerrequisito del encuentro con Dios. Tensiones entre vaciamiento y saturación, contemplación e imaginación, Dios sin modos y Dios personal

Habiendo establecido las piezas metodológicas esenciales de la mano de la fenomenología de la religión, transitemos a nuestra revisión de las obras de Eckhart y Corbin. Empecemos por recapitular, del orden de ideas hasta aquí desarrollado, que cuanto nos ha interesado hasta aquí ha sido establecer las bases para aproximarnos a un modo de comprensión de lo sagrado que encuentra su procedencia fundamental en la experiencia (*Erlebnis*) de lo numinoso como dimensión inalienable, aunque solo latente, del ser humano; esta experiencia, que no está dada de antemano, que yace en estado de latencia, ha de ser despertada, llevada a la manifestación (recordemos la importancia de la *phainesthai* para la fenomenología), pues lo sagrado será aquello que aparece, que se muestra, *como* sagrado *ante* una consciencia (o un alma) capaz de acogerlo. De esta manera, si lo sagrado aparece como encuentro entre lo divino y lo humano, lo que hay en medio, y como condición previa de esta aparición, es una ascética y una erótica en la cual hay una seducción y una pasión recíproca entre amante y Amado, entre adorador y Adorado, una seducción y un cortejo que tienen una función teofánica y hierofánica. Pero al decir que la manifestación de lo sagrado depende del ser humano no se trata de idolatría, sino de todo lo contrario, puesto que el carácter dialógico de Dios se mienta no de su esencia metafísica, sino de su manifestación *ante* la conciencia humana. Lo que no significa, en absoluto, que el hombre «invente» a Dios (en el sentido moderno del término), sino que, haciéndose «capaz» de Él, lo manifiesta: lo expresa, lo saca del ocultamiento, de la nostalgia de su soledad.

Esto será lo verdaderamente milagroso, y el fin al que el hombre ha de apuntar, tanto en Eckhart como en Corbin, si bien para uno y otro las orientaciones finales puedan ser distintas: de un lado tendremos la vía contemplativa del vaciamiento interior para encontrar a Dios en su ser increado, y del otro lado tendremos la saturación extática que desemboca en la determinación de un Rostro de Dios en lo imaginal. En Corbin la cuestión se inscribirá no solamente en la constatación del *Mysterium* del *Deus absconditum,* en su dimensión incognoscible e indeterminada de *absolutum* (a su realidad metafísica última)*,* sino que el fin del hombre debe ser aspirar a la tarea de *absolver* al *absolutum* del *nihil* de su soledad y de su indeterminación originaria para llevarlo a su determinación y a su manifestación *personal* (es decir, a su manifestación *ante alguien, en su alma*). En Eckhart, aunque distinta, la aspiración es análoga: se trata de participar de la *incarnatio continua,* de devenir co-herederos del Padre en el Hijo. Donde Eckhart y Corbin parecen bifurcarse, sin embargo, es en el modo de acceder a tal unión con Dios, en el modo de devenir co-herederos del Hijo, y en lo que uno y otro considerarán la estancia final de tal unión. Pues si Eckhart aspira como máxima conquista al «Dios sin modos»[47], al Dios más allá de todos sus atributos, a la unión con Dios en su ser increado donde Dios y la criatura yacen en unidad, la verdadera conquista será, para Corbin, llevar a lo divino a su modo enteramente determinado en nuestra alma, como expresión de su más honda aspiración: «yo era un Tesoro oculto y quise ser conocido. Creé el mundo para ser conocido.»[48] Esto tendrá

---

[47] Vid. M. Eckhart, "El templo vacío", *op. cit.,* p. 57.
[48] H. Corbin, "De la teología apofática como antídoto del nihilismo", en *La paradoja del monoteísmo,*trad. Agustín López y María Tabuyo, Losada, Madrid, 2003, p. 262.

como consecuencia, en Corbin, el nacimiento, en los pliegues de la manifestación, de un Nombre Divino (de un Ángel), que dará cuenta al mismo tiempo de la esencia divina (sin agotarla) y de la Individualidad Espiritual más propia y singular del ser humano particular—del Fiel— ante el cual tal Nombre-Ángel se revela. Dicho de un modo simple, pero evocativo, podríamos decir: Corbin pretende conocer el Todo mediante la saturación de la parte, mientras que Eckhart disuelve la parte para fundirse en el Todo. Para Corbin se trataría de llevar el devenir a su máxima saturación, mientras que en Eckhart se apostaría por des-devenir (*entwerden*). Ambas son vías legítimas, sin ninguna duda, y si bien son vías opuestas, no por ello son vías contrarias, sino que acaso puedan ser complementarias.

Desarrollaremos esto con detenimiento a lo largo del camino. Por el momento solo apuntemos que la articulación del «Dios dialógico» a través de Eckhart y de Corbin tendrá, a lo largo del texto, dos momentos: por un lado, puede leerse en ambos autores la dimensión del *logos* que florece en el «entre», en la danza, en el cortejo, entre Creador y criatura, entre Amado y amante. Y si hablamos de «florecer» no lo hacemos metafóricamente, sino en sentido simbólico: es decir, sí se trata de un florecimiento efectivo, y por ello de un desarrollo en el tiempo de algo que debe ser cultivado, no de una mera figura de lenguaje. Cultivo y florecimiento: se trata del modo en que el ser humano, para poder participar de la esencia divina, tiene que estar en una relación de *sympatheia* con la dimensión divina que en él habita. Solo a través de esta sim-patía (que es, al mismo tiempo, una teo-patía) es que podrá darse el florecimiento, bien como «nacimiento de Dios en el alma»[49] (en

---

Esta cita en particular la toma Corbin de Ibn' Arabi, pero a lo largo de toda esta conferencia piensa alrededor de la forma personal de la revelación de Dios como una dimensión común a las «religiones del Libro» en general, y además de abrevar del sufismo iranio, lo hace también de aspectos de cristologías pre-nicenas, así como de Escoto Erígena y de la teosofía de Jacob Böhme, entre otros.

[49] Vid. M. Eckhart, "La virginidad del alma", "La imagen desnuda de Dios", *op. cit.*, pp. 61-68, 96-100.

el caso de Eckhart), bien como la «revelación del Ángel» en tanto que «doble celestial» (en tanto que forma en la que lo divino se determina y se particulariza ante un alma en el orden de la manifestación[50]) en el caso de Corbin. Se trata, como ya hemos insistido, de una dimensión no dada, sino que debe ser conquistada, y que en definitiva se conquista tras una *quête* (al mismo tiempo pregunta, camino, búsqueda y lucha) que se cumple en etapas sucesivas.

Aún en la dimensión en que estos autores pueden felizmente encontrarse, apuntemos que para ambos la teología apofática será una dimensión de central importancia en su comprensión de lo divino. Es decir: ambos conciben en que hay un núcleo de la divinidad que es por entero inaccesible a la criatura, e inexpresable por el lenguaje: *Deus absconditum* y *absolutum,* que jamás podrá ser agotado por aquello que le sea revelado al hombre, y ante el cual no podemos aproximarnos sino mediante categorías negativas, intentando tan solo delimitar el *Mysterium.* Sin embargo, de manera paralela a esta dimensión inaccesible, habrá la dimensión revelada: dimensión ineludible si queremos pensar en un dios dialógico, pues no se puede establecer un diálogo solo con la ausencia (se trata, en todo caso, de una presencia-ausencia paradójica, ambigua).

Ahora bien, será en el modo de juzgar estas dos dimensiones (la del *Deus absconditum* y la del *Deus revelatus*), y en la soteriología que se desprende de este modo de juzgar ambas dimensiones, que advendrá el que será, quizá, la bifurcación de vías entre Eckhart y Corbin. Pues mientras que para Eckhart la dimensión personal o revelada de la divinidad es una estación que no es final, sino que debe abandonarse, aspirando, más bien, al *nihil* de la divinidad en su indeterminación absoluta, a su luz

---

[50] Esta idea de H. Corbin atraviesa de par en par su obra. Mencionemos tan solo tres lugares significativos donde aparece en tres distintas etapas de su obra (1949, 1958 y 1977): "El relato de iniciación y el hermetismo en Irán", en *El hombre y su ángel. Iniciación y caballería espiritual,* trad. Agustín López y María Tabuyo, Editorial Destino, Barcelona, 1995, pp. 17-82; "Simpatía y teopatía", en *La imaginación creadora…,* pp. 99-164; "Teología apofática y personalismo", en *La paradoja…,* pp. 259-270.

sin mezcla y sin modo, para Corbin será en sentido inverso: la dimensión inaccesible e incognoscible de la divinidad es, en cierta medida, lo que está tanto antes como después de su revelación, que la envuelve de par en par. Sin embargo, en lo que a la existencia humana respecta, el fin será precisamente sacar a lo divino de su indeterminación originaria y llevarlo a la manifestación. Corbin lo dice de este modo:

> Por consiguiente, todo se encuentra invertido: no es el Dios personal quien es una etapa hacia la *Deitas,* hacia el Absoluto Indeterminado. Es por el contrario ese Absoluto el que es una etapa hacia la generación eterna del Dios personal. Jacob Böhme admite también: *Er wird und entwird,* pero esto no designa para él el *nihil* nihilizador, que aniquila al Dios personal. Muy al contrario, eso designa el *nihil* del Absoluto diferenciándose en su aspiración a revelarse, a determinarse (¡el Tesoro oculto!) en un solo *Nunc aeternitatis* (*ewiges Nu*).[51]

Como puede verse, lo que tendremos es un camino que, si comparte etapas y modos de comprensión hasta cierto punto, termina, al menos aparentemente, por bifurcarse. No se trata, sin embargo, de caminos mutuamente excluyentes, sino acaso complementarios. Pero vale la pena poner de relieve la diferencia y poner ambas vías en tensión: en primer lugar, puesto que la tensión de los opuestos es siempre enriquecedora, como nos recuerda el viejo Heráclito; pero también cobra pertinencia como una discusión al interior de las «religiones abrahámicas», alrededor de la noción del Dios «personal». De lleno en esta discusión, que recorrerá de manera transversal el trabajo, volvamos a la anterior cita de Corbin, matizando el sentido particular en que Corbin hará su «defensa» del Dios personal: será por la vía de lo imaginal, de carácter esotérico o interior, que se opone y que se distingue de las dimensiones meramente supersticiosas o exotéricas de la comprensión del Dios personal, pues el modo esotérico tiene lugar (ha de tenerlo) en el *mundus imaginalis*—otro concepto caro a Corbin y a las distintas vertientes de

---

[51] H. Corbin, *La paradoja...*, p. 266.

la gnosis por él estudiadas, tanto islámicas como cristianas (y quizá judías, o al menos de la literatura del judaísmo intertestamentario)—. Dejemos apuntado, antes de pasar al desarrollo más extenso que nos ocupa, que quizá estemos ante una bifurcación análoga de aquella que recoge Victoria Cirlot a propósito de la mística medieval: bifurcación o controversia entre contemplación (sin imágenes) o imaginación (con imágenes[52]) como modos de la experiencia interior en el que el hombre consagrado pretende aproximarse a la divinidad (teniendo de un lado a Bernardo de Clairvaux y del otro a Rupert de Deutz). En nuestro caso será claro, análogamente, que mientras que Eckhart aspira a «desnudar» la imagen, Corbin aspirará, por el contrario, a construirla paso a paso (es decir, a ir determinando sucesivamente), gestando así el cuerpo de resurrección como cuerpo sutil, como Ángel, cuyo lugar de manifestación es el ya mentado *mundus imaginalis*. Aspiraremos a mantener estas dos comprensiones no solo en su semejanza, sino también en su diferencia, que es, al final, también su riqueza.

3.2 Eckhart: hacerse semejante a Dios para comprender su verdad. De la criatura al ser-separado de la divinidad

Pasemos ahora directamente al desarrollo del primer autor que nos pondrá sobre el tapete lo que hemos referido como «Dios dialógico». Como ya dijimos, lo que tenemos entre manos es una *quête* en toda la riqueza de su amplitud semántica: al mismo tiempo una pregunta, un camino, una búsqueda y una lucha (que, en el mejor de los casos, pasará a ser danza). Se trata, ante todo, de un camino que el hombre debe recorrer. Partamos, entonces, de las exhortaciones mediante las cuales cada autor pretende «ponernos en camino». En primer lugar, y de manera contundente, Eckhart nos dice:

---

[52] Vid. V. Cirlot, "El ojo interior", en *La visión abierta. Del mito del Grial al surrealismo,* Siruela, Madrid, 2010, p. 21.

Quien no comprenda este discurso no debe afligirse en su corazón. Pues mientras el hombre no se haga semejante a esta verdad, no la entenderá; es una verdad desvelada que ha surgido directamente del corazón de Dios. Que Dios nos ayude a vivir de tal modo que lo experimentemos directamente. Amén.[53]

En estas palabras se condensa, a modo de anuncio orientador, mucho de cuanto este texto se propone explorar. Vayamos paso a paso, y reconozcamos una de las dimensiones primeras que saltan a la vista de la reflexión filosófica: a diferencia de lo que querría la teoría del conocimiento entendida en el sentido más corriente, según la cual habría dado de antemano como presente el objeto de conocimiento y el sujeto cognoscente como dimensiones claramente delimitadas—y separadas— entre sí, lo que Eckhart nos pone aquí sobre el tapete es la constatación de una paradoja que dinamita este modo de proceder: para comprender la verdad divina tenemos que hacernos, en primer lugar, *en la medida de ella*: semejantes a ella. Esto ya lo encontrábamos en nuestra revisión de la fenomenología: lo que hay aquí es una dimensión en la que se conjugan epistemología, ética y estética (entendida esta última en el sentido de la *aisthesis*): aquí, para poder conocer, para poder entender, para poder percibir, tenemos previamente *que vivir de cierta manera*. Y es que el objeto de conocimiento simplemente no se manifiesta sin este modo de vivir que nos abre a la posibilidad de experimentar su verdad. Pero en este punto la paradoja asciende a un segundo grado: pues al mismo tiempo este modo de vivir no se agota en el esfuerzo meramente humano, sino que hay una dimensión ineludible de gracia («*Que Dios nos ayude* a vivir de tal modo…»). Lo que tenemos aquí es una situación extraña y paradójica en la cual por momentos ya no se sabe dónde empieza y dónde termina el hombre (la criatura), ni dónde empieza y dónde termina la divinidad. Lo que tenemos, más que polos claramente delimitados entre sí, es el «entre» ya referido: un *logos* que florece en este «entre», en esta danza. Pero lo que es claro, más allá de las

---

[53] M. Eckhart, "Los pobres de espíritu", *op. cit.*, p. 113.

paradojas, es que el ser humano ha de salir de su existencia profana, que ha de con-sagrar, santificar, su existencia, para participar de la verdad divina. Esta consagración es ya una empresa compartida entre Creador y criatura, en la que la humanidad del hombre se esfuerza por ascender a lo divino y donde la gracia divina con-desciende a lo humano. Este encuentro de planos es un encuentro erótico: como el encuentro erótico entre el cielo y la tierra mediante la lluvia, lluvia que fecunda la tierra y la hace florecer. Esta necesaria participación conjunta del hombre con Dios es expresada por Alois Haas, en un libro dedicado a Eckhart, en estos términos: «Una vez que el hombre ha sido creado, participa activamente en el nacimiento del Hijo con la condición de que esté dispuesto a recibir la actividad de Dios que opera en él mismo y a hacer de ella su propio movimiento.»[54] Se trata de hacer de la actividad humana y la actividad divina una y la misma actividad: «Dios y yo somos uno en el otro; él actúa y yo llego a ser.»[55]

Otro sitio fundamental donde vemos operar el carácter dialógico de la concepción de Dios (en el sentido no solo de la comprensión sino de lo que es dado a nacer) en Eckhart lo encontramos a través de su traductor y especialista, Amador Vega Esquerra, quien en su introducción nos pone sobre el tapete lo siguiente:

> el orden de la conversación, según el sistema pregunta-respuesta, entre maestro y discípulo, conforma el marco hermenéutico utilizado por Eckhart y revela su fundamento doctrinario: entre el oyente y el hablante se establece una mediación dirigida a la comprensión, que es una concepción mística, de la verdad que transmite la palabra enunciada. Esta forma del discurso práctico adquirirá en los sermones alemanes una dimensión espectacular; la recepción de la palabra pronunciada por el predicador reproduce la encarnación del Verbo divino: de ahí la trascendencia de tal método de enseñanza oral o modelo de comunicación místico, pues une al emisor y al receptor de la Palabra.[56]

---

[54] A. Haas, *Maestro Eckhart. Figura normativa para la vida espiritual,* p. 117.
[55] Citado por A. Haas, *Ibidem.,* p. 126.
[56] A. Vega, "Introducción", en M. Eckhart, *op. cit.,* p. 22.

Como podemos ver, en Eckhart es fundamental la dimensión dia-lógica, pues lo que está en juego es la encarnación del Verbo divino. Dado que se trata de un Verbo, y no de un sustantivo, lo fundamental del mismo será el despliegue de su actividad: su con-jugación. Es en esa medida que el acontecimiento de la encarnación puede adquirir una dimensión no solamente histórica en Jesús de Nazaret, sino nueva a cada ocasión, pues la encarnación será para Eckhart un hecho eterno mediante el cual cada cristiano se hace co-heredero en el Hijo. Se trata de una *«incarnatio continua,* un incesante engendramiento del Hijo por parte del Padre.»[57] Se trata aquí, según Alois Haas, de la idea central en la doctrina de Eckhart, y también la que más interesa a nuestro trabajo: «el nacimiento de Dios en el corazón y en el alma de los creyentes»[58], como el *telos* del dia-logos divino.

Ahora bien, de esa estructura general en la cual comprendemos que una danza, una erótica, una búsqueda, ha de establecerse entre lo divino y lo humano—estructura que, antes de sus determinaciones particulares, se mantiene, *qua* estructura, tanto en Corbin como en Eckhart—, surgen después particularidades que ya responden a los modos de comprensión que un autor y otro tienen de la divinidad, de la revelación y de la *quête* que el hombre debe cumplir. Intentemos reconstruir, primero, la propuesta de Eckhart. En ella iremos recorriendo aspectos que a la postre serán o bien encuentros, o bien desencuentros, con la lectura corbiniana. Empecemos, pues, en el sermón sobre el «Templo vacío»:

> Leemos en el santo Evangelio que Nuestro Señor fue al templo y echó de allí a los que compraban y vendían, y a los otros, que tenían comercio de palomas y cosas similares, les dijo: «¡quitad eso de ahí!» [Jn 2, 16]. ¿Por qué Jesús echó a los que compraban y vendían y a los que ofrecían palomas les ordenó que las quitaran de en medio? No dijo sino que quería tener el templo vacío, exactamente como si hubiera dicho: «tengo derecho sobre ese templo y quiero estar solo y dominar en su interior». El templo, en el

---

[57] A. Haas, *op. cit.,* p. 72.
[58] *Ibidem.,* p. 85.

que Dios quiere dominar según su voluntad, es el alma del hombre, que ha formado y creado a su semejanza. […]
Dios quiere tener el templo vacío, para que allí dentro no haya nada que no sea él. Por eso le agrada mucho ese templo, que le es tan semejante, y se encuentra tan bien en su interior cuando está solo.[59]

La consagración a que el hombre está llamado tiene, en definitiva, como toda iniciación tradicional, una dimensión de muerte, de disolución. El hombre ha de morir a su existencia profana: ha de dejar morir, o incluso ha de hacer morir, toda tiniebla que enturbie, que opaque, la Luz divina. Hasta aquí Eckhart puede encontrarse felizmente con Corbin: lo divino quiere gobernar solo, sin mezcla con lo que le sea ajeno.

Ahora bien: hay, sin embargo, un segundo orden de lectura que desprende Eckhart de la cuestión del «templo vacío», y que atañe al modo de consideración que se le da al vacío como categoría de la divinidad: no es, para Eckhart, solamente que el ser humano deba «vaciarse» de todo aquello que sea ajeno a la divinidad, sino que debe aspirar *a vaciarse de todo*, incluso de Dios, entendiendo que la aspiración está colocada en conocer a Dios más allá de sus modos: en su esencia increada. En esa medida, entonces, dado que, como ya dijimos, el hombre ha de hacerse semejante a lo divino, Eckhart entiende que el ser humano debe también desprenderse de todos sus atributos personales, de todos los atributos de cualquier clase, para acudir a ese encuentro con la divinidad que se encuentra más allá de Dios (del Dios revelado), más allá del ángel, penetrando en la nonada divina: «el alma, por el contrario, puede ir más allá […], libremente podría llegar mucho más alto que el ángel, a cada instante nuevo y sin medida, es decir, sin modo, por encima del modo de los ángeles y de todo intelecto creado […]. Cuando el alma alcanza la luz sin mezcla, entonces penetra en su nonada, tan lejos de su ser creado que no puede regresar de ninguna manera por fuerza propia a su ser creado.»[60]

---

[59] M. Eckhart, "El templo vacío", en *El fruto…*, pp. 53-54.
[60] *Ibidem.*, p. 57.

Lo que hay aquí, en última instancia, es una voluntad de ir más allá de la condición de criatura, y de todo el registro de lo creado, incluso más allá del aspecto de lo revelado de la divinidad, a una región anterior a toda separación. En términos filosóficos podríamos decir: se aspira a esa región más allá de lo ente, más allá de la manifestación, quizá incluso más allá del ser. El vacío y lo increado adquiere un estatuto mayor que lo ente y lo creado, y el vacío se quiere, además, por sí mismo y no en función de otra cosa: la nonada es la aspiración última. Lo que parece desprenderse de Eckhart, entonces, es que el vacío (o la nonada) es valorado como una categoría a la que se aspira positivamente, y no meramente como una categoría negativa que queda del lado de lo humano en su insuficiencia ante el exceso de lo divino. A partir de esta consideración se bifurcarán modos diversos de comprensión de la teología apofática, como veremos con Corbin. La aspiración positiva a la nonada divina se comprende, entonces, también como la aspiración a una radical pobreza de espíritu, pobreza en la que ya ni siquiera se busca cumplir la voluntad de Dios:

> Mientras el hombre tenga la voluntad de cumplir la preciosa voluntad de Dios, no posee la pobreza de la que hablamos; pues en él todavía hay una voluntad que quiere satisfacer a Dios y eso no es la pobreza correcta. Pues si el hombre quiere ser verdaderamente pobre debe mantenerse tan vacío de su voluntad creada como hacía cuando él todavía no era. Pues, por la verdad eterna, os digo que mientras queráis cumplir con la voluntad de Dios y tengáis deseo de Dios, no seréis pobres, ya que sólo es un hombre pobre el que nada quiere y nada desea.[61] […]
> En el atravesar, sin embargo, en donde permanezco libre de mi propia voluntad y de la voluntad de Dios y de todas sus obras y de Dios mismo, entonces estoy por encima de todas las criaturas y no soy ni Dios ni criatura, soy más bien lo que fui y lo que seguiré siendo ahora y siempre.[62]

---

[61] M. Eckhart, "Los pobres de espíritu", *op. cit.*, p. 107.
[62] *Ibidem.*, p. 112.

No podemos, lamentablemente, detenernos tanto cuanto querríamos en todas las cosas que llaman nuestra atención. Establezcamos simplemente una cosa más, una precisión teológico-filosófica, que desprendemos ya no de los *Sermones* de Eckhart, sino de sus *Tratados*. Esta precisión nos permitirá no solamente poder situarnos, al menos mínimamente, frente a la paradójica propuesta eckhartiana sobre la aspiración a la nonada divina, sino que también servirá para inscribir un modo de reconciliación posible entre Eckhart y Corbin hacia el final del texto.

Señalemos, entonces, que para Eckhart habría dos dimensiones de la divinidad, que resultan a la postre como demarcaciones metafísicas heterogéneas entre sí: por un lado, lo creado; por otro lado, lo increado. Pero no hay una relación genética, ni evolutiva, ni mucho menos «cronológica» entre estas dos dimensiones. Si juzgamos por los desarrollos de Eckhart en su tratado «Del ser-separado» (*abegescheidenheit*), la comprensión que resulta no es que el ser-separado de la divinidad haya existido tan solo en un pasado mítico, para desgranarse después en la multiplicidad de la creación, perdiendo así su estatuto de ser-separado. Sucede, más bien, que hay una simultaneidad heterogénea de planos, simultaneidad que discurre paralelamente, sin mezclarse, entre eternidad y tiempo, entre ser-separado y creación. Esto se nos sugiere cuando Eckhart dice, por ejemplo, al hablar de Cristo, que si bien Dios, mediante una humildad preñada de amor, descendió y se hizo hombre, permaneció, sin embargo, en su ser-separado, inmóvil e inmutable, «tanto cuando se hizo hombre como cuando creó el cielo y la tierra».[63] Del mismo modo, prosigue Eckhart—y atiende aquí a una de las principales disputas teológicas en la historia del cristianismo—, cuando Dios se hizo hombre en el Hijo, sufrió, efectivamente, el martirio: y sin embargo quedó, en su ser-separado, intocado, intocable: indiferente. Y aún más, continúa Eckhart: incluso las plegarias y los rezos, las buenas y las malas acciones, son indiferentes al ser-separado de Dios. Lo dice así:

---

[63] M. Eckhart, "Del ser-separado", *op. cit.*, p. 169.

> Ahora debes saber que Dios ha permanecido y todavía está en ese ser separado inmóvil desde la eternidad, y debes saber que cuando Dios creó el cielo y la tierra su ser separado inmóvil quedó tan poco afectado como si nunca hubiera sido creada ninguna criatura. Y todavía digo: todas las oraciones y buenas obras que el hombre puede realizar en el tiempo afectan tan poco al ser separado inmóvil de Dios como si nadie hubiera rezado o cumplido una obra buena en lo temporal, y no por eso Dios concede mayor gracia ni se hace más propicio al hombre que si aquél nunca hubiera orado o realizado obras buenas.[64]

El tratado sobre el «ser-separado» de Eckhart es de una densidad filosófica y teológica que merecería desarrollos mucho más detenidos. Para los propósitos de nuestro texto, recojamos tan solo lo siguiente: la metafísica que podemos desprender de Eckhart es una metafísica según la cual el ser-separado de la divinidad (fondo último del Misterio) yace en una dimensión que no tiene relación ni genética ni de ningún otro tipo con lo creado: ambas dimensiones discurren, en todo momento, de manera paralela y simultánea: sin mezcla. Se trata, en cierta medida, de un cero metafísico, del cual no se puede predicar nada, al cual no se le puede atribuir nada. Quizá incluso la atribución de «ser-separado» del ser-separado no sea sino ilusoria: una mera propedéutica para acercar al intelecto humano para concebir lo que acaso sea inconcebible. El lenguaje vacila, naturalmente, en este punto: ¿es el ser-separado la nada? Esta es una paradoja que ni la mera razón discursiva, ni la palabra, pueden decidir. La indicación de Eckhart en este punto es tan escueta como paradójica: «el ser separado se aproxima tanto a la nada que entre el ser separado y la nada, nada puede haber.»[65] Ya que el lenguaje en este punto resulta insuficiente, y ya que en Occidente tenemos el riesgo de sustantivar y literalizar incluso la nada, digamos, mejor, tan solo lo siguiente: se trata del Misterio.

---

[64] *Ibidem.*, p. 171.
[65] *Ibidem.*, p. 168.

Dado que nos encontramos en terrenos de Niebla, bordeando lo indecible, intentemos, mejor, proseguir mediante delimitaciones generales: el ser-separado, por un lado; lo creado, por otro. La creación, entonces—toda multiplicidad, toda mutación—discurre en una región simplemente otra: heterogénea. ¿Se trata de una dimensión co-eterna? Es posible. Pero el propósito fundamental de este texto no es la discusión teológico-metafísica por sí misma, sino el encuentro entre esa discusión y la vida más inmediata del hombre. Y es que estamos tratando de las obras de individuos que no fueron meramente filósofos, sino fundamentalmente maestros espirituales. De modo, entonces, que para Eckhart la cuestión no se agota en su dimensión especulativa, sino que busca con todo esto construir una imagen del hombre, y un camino para el hombre. Será en esa medida que podremos sopesar toda la densidad anterior. Pues lo más sorprendente de todo esto es que, según el propio Eckhart, a estas dos dimensiones (la dimensión del ser-separado y la dimensión creatural) el ser humano tiene acceso (al menos potencialmente). Y no solo eso, sino aún más: el camino que ha de recorrer el ser humano ha de ir de su estación inicial en el ser-criatural del ser humano a su estación final en la experiencia del ser-separado de la divinidad. Lo que tenemos aquí es, ya no solamente una metafísica-ontología, sino una antropología y una ética.

El ser-separado de la divinidad no será, entonces, solamente la cifra del misterio, sino también el centro existencial del ser humano, al mismo tiempo que su valor más alto, aquel al cual aspira. No es, insistamos en ello, una cuestión meramente discursiva, sino un modo en el cual Eckhart exhorta a sus oyentes a vivir: «el recto ser separado no es otra cosa sino que el espíritu permanezca inmóvil ante todo asalto del cuerpo y del dolor, honor, vergüenzas y oprobios, tanto como hace una montaña de plomo ante un viento débil.»[66] Y, en la medida en que el ser humano adquiere sucesivamente, por su modo de vida, una estancia en el ser separado de la divinidad, empieza a tornarse semejante a él, y

---

[66] *Ibidem.*, p. 171.

entonces Dios «acude» ante él: «siempre que el espíritu libre se halla en la recta separación obliga a Dios a dirigirse hacia su ser, y si pudiera permanecer ahí sin forma ni accidentes, entonces adoptaría el ser propio de Dios.»[67] Como puede verse, seguimos en el terreno de la paradoja: pues en el ser separado tenemos al mismo tiempo lo inmóvil y lo indiferente de la Dios, y sin embargo, haciéndonos semejantes a este ser separado de la divinidad, Dios «acude» a nosotros. Aquí se ve también el carácter dialógico: el cortejo, la seducción. Y dado que todo amante aspira a fundirse con su Amado, hacernos semejantes a Dios será el mejor modo de unirnos a Él:

> ese ser separado inmóvil conduce al hombre a la mayor igualdad con Dios. Pues que Dios sea Dios le viene de su ser separado inmóvil, y del ser separado le viene su pureza, su simplicidad y su inmutabilidad. Por eso el hombre debe igualarse a Dios y esto debe suceder gracias al ser separado. Pues éste arrastra al hombre a la pureza y de ella a la simpleza y de la simpleza a la inmutabilidad, y ellas traen consigo una igualdad entre Dios y el hombre.[68]

Recapitulemos, entonces, nuestra consideración sobre Eckhart en el reconocimiento de los elementos esenciales que hemos querido poner sobre la mesa: está el hombre, en su calidad de criatura, modo de ser en el que no está dada de antemano su semejanza con Dios. Esta semejanza es una dimensión tan solo latente: dimensión, eso sí, «impresa» por Dios en el alma, esperando a ser despertada: «la imagen de Dios, el Hijo de Dios, está en el fondo del alma como una fuente viva. Pero si alguien lo cubre de tierra, es decir, con un deseo terrenal, entonces lo oculta e impide que se reconozca y se llegue a saber nada de él; y, sin embargo, permanece en sí mismo vivo, y cuando se le quita la tierra, vuelva a *manifestarse* y se hace perceptible.»[69] Habría que añadir aquí que, en definitiva, si leemos entre líneas y con fineza, el «estar-cubierta-de-tierra»

---

[67] *Ibidem.*, p. 170.
[68] *Ibidem.*, p. 171.
[69] M. Eckhart, "Del hombre noble", *op. cit.,* pp. 157-158.

del alma no es una situación simplemente contingente, sino el modo de ser inmediatamente del ser humano: la tierra, incluso sin moralizarla, es nuestro punto de partida: lugar de inicio de un viaje que aspirará ya no a la tierra, sino a la patria celestial. Este punto de partida terrenal, en el que nuestra semejanza con Dios aún no está conquistada, exige, entonces, la *quête* ya referida: camino y búsqueda que, en el caso de Eckhart, irá en el sentido de ir perdiendo determinaciones y atributos, aspirando al *nihil* de la indeterminación absoluta de la divinidad, a su ser separado: aspiración máxima de la existencia del hombre y corazón de la divinidad.

Habiendo hecho esta reconstrucción mínima de la propuesta de Eckhart, partiremos ahora a desarrollar el camino a que invita Henry Corbin. Si bien será un camino que, del mismo modo que con Eckhart, apuesta por despertar esa dimensión de semejanza con Dios tan solo latente (estancia compartida por ambos respecto al «dios dialógico»), la metafísica-ontología, la antropología y la ética que se desprenderán de este autor serán a la postre diferentes: el fin del hombre estará no en la aspiración a la indeterminación, sino en la aspiración a la determinación completa de nuestra Individualidad profunda, que es al mismo tiempo la determinación de nuestro «doble celestial»: de nuestro Ángel y de uno de los Nombres divinos que componen la *dynamis* de la divinidad. A pesar de esta bifurcación, exploraremos hacia el final del texto, al menos a modo de indicación, la posibilidad de compatibilizar ambos caminos.

3.3 Corbin: teopatía humana y antropopatía divina. La vía de lo imaginal y del doble celestial

Para empezar a situar cuanto querremos desarrollar en esta parte del texto, es importante inscribir la cuestión en el contexto que le es propio, que es el siguiente: si bien los conceptos de Henry Corbin que desarrollaremos a continuación son parte central de su obra, y la atraviesan de par en par, hacia el final de su vida (concretamente en 1977) tuvo ocasión de presentar una conferencia titulada *De la teología apofática como antídoto contra el nihilismo*[70] en el contexto de un ciclo de conferencias más amplio, cuyo título fue el siguiente: «¿Hace posible el impacto del pensamiento occidental un diálogo real entre las civilizaciones?». Dado el tema de este ciclo de conferencias, Corbin tomó la ocasión para establecer un diálogo con otro filósofo francés (se trata del filósofo indianista Georges Vallin), que en su artículo titulado *Lo trágico y occidente a la luz del no-dualismo asiático* no dudó en establecer que el origen del «nihilismo» que atraviesa a Occidente, que incluso el origen de lo que a la postre fue la «muerte de Dios» declarada por Nietzsche, está dado por el «personalismo» de las religiones de Occidente (personalismo que, cabe recordar, es parte fundamental y común para la familia de las tres religiones abrahámicas). Así las cosas, esta conferencia es un manantial fecundo para poner de relieve muchas cuestiones, de las cuales nosotros tomamos las siguientes: en primer lugar, y de modo fundamental, para ver las raíces filosóficas y religiosas más profundas que están sobre la base de las revelaciones personales de la divinidad en el contexto de las religiones abrahámicas, inscritas en una metafísica-ontología (en una angelología) que, en su profundidad conceptual, es capaz de ir más allá de sus vertientes meramente supersticiosas o exotéricas. En otras palabras, lo que esta conferencia nos permite vislumbrar, y que nosotros queremos recoger, es algo de la *esencia*—del modo de ser profundo— de estas religiones abrahámicas, que la distinguen de otras religiones o revelaciones que bien podrían tener otras características.

Lo que esto le permite a establecer a Corbin es que, en el contexto propio de estas «religiones del Libro» y su devenir espiritual, no es el *personalismo,* sino precisamente el *impersonalismo,* la anulación y la alienación de la persona en su dimensión espiritual más profunda, a la vez la causa y el resultado del nihilismo de Occidente. Pero, para poder

---

[70] Hay traducción al castellano: H. Corbin "De la teología apofática como antídoto del nihilismo", en *La paradoja...,* pp. 233-289.

llegar a establecer esto con rigor y precisión en la conferencia, Corbin ha de andar un largo camino de reconstrucción conceptual, que de algún modo podríamos considerar el resumen y el acabamiento de su obra como tal—reconstrucción de la cual no podremos traer sino elementos mínimos y generales—. Es en el contexto de este camino que Corbin indica cuál ha de ser, en su consideración, y en el contexto de las religiones abrahámicas, el verdadero lugar de la teología apofática como antídoto del nihilismo: como una vía para preservarnos de la idolatría, para no disminuir la distancia entre la criatura y la Esencia última e incognoscible de la divinidad. La teología apofática, en otras palabras, nos preserva de confundir entre lo Absoluto y el Dios personal, y ese es su fin, pero no es este Dios personal, como señala Vallin, «la primera etapa de la muerte de Dios»[71], sino todo lo contrario: el verdadero «*nacimiento de Dios*»[72] en el orden de la manifestación. Será, entonces, en este punto que se pondrá de relieve el desencuentro entre Eckhart y Corbin: no es la indeterminación absoluta y el Dios-sin-modo la aspiración a la que ha de apuntar el hombre. La aspiración es, por el contrario, al Dios vivo y personal denostado por Vallin, que, desde la consideración de Corbin, es la genuina y más profunda herencia espiritual tanto de las religiones abrahámicas como de las religiones griegas e iranias antiguas. Este Dios vivo y personal será la aspiración máxima, y en su calidad de aspiración se dará—si se da— solo al final de un largo trabajo de consagración: «el Dios personal no está dado primitivamente. Es encontrado solo al término de una Búsqueda o de una Demanda (como la del Graal).»[73]

Después de estas orientaciones generales, procuremos reconstruir, al menos mínimamente, la imagen que Corbin pretende ofrecernos de los modos de mediación entre lo divino y lo humano: valdría la pena comenzar por el que acaso sea el concepto más conocido de Corbin:

---

[71] Citado por H. Corbin en "De la teología apofática como antídoto del nihilismo", *op. cit.*, p. 256. [G. Vallin, "Le tragique et Occident á la lumière du non-dualisme-asiatique" en *Revue philosophique*, París, julio-septiembre de 1975, pp. 275-288]
[72] H. Corbin, "De la teología apofática…", p. 257.
[73] *Ibidem.*, p. 264.

el *mundus imaginalis.* Se trata en este concepto de un neologismo que acuña Corbin para recuperar lo que algunos místicos sufíes designaron como el octavo clima, como el *'âlam al-mitâl:* la tierra de las visiones, lugar de encuentro entre lo divino y lo humano, la tierra del Ángel. Se trata, en el contexto del siglo XX, de un «continente perdido»[74] para Occidente, y sin embargo, en la conferencia de 1977 que hemos referido, así como en los otros dos ensayos que componen el volumen titulado *La paradoja del monoteísmo* (pronunciadas en 1976 y 1977 respectivamente, y tituladas "El Dios Uno y los Dioses múltiples" y "De la necesidad de la angelología"), Corbin nos hace ver que en el origen de Occidente (tanto si se le juzga por el lado griego, como si se le juzga por su procedencia abrahámica judeo-cristiana) esta dimensión es central, ineludible. Corbin indica incluso que cristología pre-nicena era una cristo-angelología, esencialmente teofánica, cuyos acontecimientos fundamentales tenían lugar en esa tierra intermedia de lo imaginal. Corbin lo expone de este modo:

> La cristo-angelología, esencialmente teofánica, presupone y expresa una manera determinada de concebir la relación entre lo humano terrenal y lo sobrehumano celestial. [...] Cuando la cristología abandone su concepción de *Christos* como una entidad angélica superior para hacerle participar en lo absoluto divino mediante el concepto de *homo-ousios,* sus consecuencias serán tales que el concepto de "Hijo del hombre" terminará por significar lo contrario de lo que significaba originalmente en la doctrina mesiánica del judeocristianismo. No significará ya la esencia celestial supraterrenal del *Christos,* sino lo terrenal y lo humano del Mesías Jesús. Son los gnósticos quienes nos advierten también que el "Hijo de hombre", el *Anthrôpos* celestial, era el nombre de una entidad arcangélica superior, un *Aiôn* superior del Pleroma, y no tenía nada que ver con la humanidad de Jesús.[75] [...] A partir de ahí, la afirmación de que todos los acontecimientos de la profetología y de la cristo-angelología tienen lugar (su lugar) en el *'âlam al-mitâl* adquiere su plena dimensión. Es en el *'âlam al-mitâl* donde los profetas

---

[74] H. Corbin, "Prólogo", en *Cuerpo espiritual y tierra celeste,* p. 11.
[75] H. Corbin, *"Christos Angelos",* en *La paradoja...,* p. 177.

son investidos con el carisma que hace de ellos manifestaciones del *Verus Propheta*.[76]

Hemos citado todo lo anterior por varias razones, que hacen de orientación general de nuestra exposición: por un lado, para establecer que las elaboraciones teóricas de Corbin a propósito de lo imaginal no se limitan, como se pensó en algún momento, al ámbito del sufismo, sino que en definitiva están presentes en el cristianismo, aunque habría que indicar: en un tipo particular del cristianismo, que acaso no sobreviva la historia de los dogmas (o que, en todo caso, nos obligaría a leer los dogmas de un modo que quizá no sea el común en la institución eclesiástica exotérica). No podemos detenernos explorar esa discusión, pero incluso al margen de ella es importante constatar que no dejó de haber místicos visionarios cristianos, como muestra Victoria Cirlot.[77] Para Corbin será Jacob Böhme la figura central de este modo de comprender la divinidad, donde experiencia visionaria y revelación personal de la divinidad son dos dimensiones que se implican mutuamente.

Pero no es solo por establecer la pertinencia de lo *imaginal* para pensar la religión cristiana, sino también para precisar el sentido en el que Henry Corbin hace una defensa del Dios personal: no el Dios personal entendido en cualquier sentido, sino en este sentido preciso en el cual el Dios personal se da como la conquista de la positividad de un Nombre divino, de un Ángel (de un Rostro, en fin, de la divinidad), que se revela *en* lo imaginal y *ante* un alma: en la región intermedia de los cuerpos sutiles, frente a quien le ha hecho aparecer en su oración (ya que la imaginación activa será, en términos de Corbin, una facultad susceptible de ser desarrollada que, de lograr desarrollarse, resulta a la postre

---

[76] *Ibidem.*, p. 176.
[77] Entre los que podríamos contar a Hildegard von Bingen, Jacob Böhme, Emmanuel Swedenborg, William Blake, y otros. Vid. V. Cirlot, "Visión y creación en la Edad Media y el surrealismo", en *La visión abierta…*, pp. 15-28, y V. Cirlot, "Técnica alegórica o experiencia visionaria", en *Hildegard von Bingen y la tradición visionaria de Occidente,* Herder, Barcelona, 2005.

el modo más alto de «oración teofánica»[78]). Esta región intermedia no será, pues, solamente el lugar de encuentro entre lo divino y lo humano en sentido general, sino que podrá ser, en su desarrollo más acabado, el modo en que lo Absoluto se particulariza ante su Fiel, siendo un encuentro de lo más Universal y de lo más Singular al mismo tiempo: la revelación del Ángel, del Señor como divinidad particular; se trataría, de este modo, de una participación conjunta (un encuentro erótico) en que la Esencia divina se refracta y se particulariza en función de la naturaleza del contenedor que la recibe, que la ha convocado. Será tomando la cuestión en estos términos que podremos entender que Corbin nos remita a ese pasaje en que, en los Hechos de Pedro (perteneciente a la literatura apócrifa neotestamentaria), después de la predicación del apóstol delante de unas santas mujeres ciegas, «el *Christos* se aparece a unas como un anciano, a otras como un joven, a otras como un niño.»[79] Este modo de comprensión de Cristo como figura espiritual—como proceso de unción espiritual—implica un modo de nacer a lo divino que, precisamente por ocurrir en lo imaginal, no es un hecho histórico irrepetible, sino un camino de realización espiritual susceptible de ser re-actualizado, que en su revelación será al mismo tiempo universal (en tanto proceso de unción, de divinización) y que se expresará en función de las condiciones particulares de su receptor, lo que dará cuenta de su estatuto de símbolo.[80] Por otro lado, no habría que olvidar que

---

[78] Vid. H. Corbin, "El Dios manifestado por la imaginación teofánica", en *La imaginación creadora en el sufismo de Ibn 'Arabî*, pp. 178-182.

[79] Citado por H. Corbin en *"Christos Angelos"*, en *La paradoja...*, p. 176. [Hechos de Pedro 20, 21].

[80] Esto no es contradictorio con—ni anula— el hecho de que la unción de Jesús de Nazaret haya tenido existencia histórica. Esto puede reconocerse en toda su importancia, sirviendo de modelo ejemplar al cual aspirar. Pero tampoco implica, por otro lado, que lo que se venera en Jesucristo meramente un hecho histórico irrepetible: eso sería venerar las cenizas y no el fuego vivo. Aquí encontraremos un encuentro muy particular entre Eckhart y Corbin, susceptible de ser explorado más adelante, en la noción eckhartiana del nacimiento eterno de Dios. Vid. Eckhart, *op. cit.*, p. 64.

un principio básico de las apariciones de los símbolos en lo imaginal implica una identidad entre el «objeto» epistemológico y el ontológico: es decir, en el terreno de lo imaginal, uno se convierte en aquello que conoce, de modo que habría, en este modo de comprender la figura de Cristo, una identidad entre la manifestación de Cristo ante el alma y el devenir-Cristo del alma.

Lo que esto tiene como consecuencia es una situación tal en la que lo divino encuentra a lo humano no en su indeterminación incognoscible, sino a través de su «polo celestial», de su «doble celestial», que atañe a la individualidad espiritual y eterna del Fiel, a su *Christos Angelos*: Fravarti en el *Avesta* de la Persia antigua, *Neshamá* en la Cábala judía, *'ayn thâbita* (hecceidad eterna) en 'Ibn Arabî, Naturaleza Perfecta (*al-tibâ al-tâmm*) en Sohravardi y en la tradición hermética de la teosofía islámica, etc.[81] [82] Retomando la discusión que tiene Corbin con Vallin, recojamos que, desde esta perspectiva, no es que el sufrimiento, ni mucho menos el nihilismo, advenga al ser humano por razón de su ser criatural, y no es tampoco, el ser criatural del ser humano algo que deba ser anulado, o algo a lo que deba escaparse. Desde la consideración de Corbin será, por el contrario, así:

> En términos budistas, "la existencia del ego es idéntica al sufrimiento, y el ser del ego es idéntico al vacío". Pero un occidental, sin la necesidad de que sea filósofo ni gnóstico, se preguntará: ¿Y si fuera al revés? ¿Y si el sufrimiento tuviera por origen la mutilación de la individualidad espiritual, y si fuera esta mutilación la que por sí sola justificara que se considerase al *ego* como una ilusión? ¿Y si, por lo tanto, fuera la restauración del ego en su plenitud originaria el gran asunto a tratar? En otras palabras, a la tragedia de la

---

[81] H. Corbin, "De la teología apofática como antídoto del nihilismo", p. 248.

[82] Que esto está presente en la tradición griega es algo que Corbin muestra en "La angelología neoplatónica de Proclo", *La paradoja...*, pp. 111-130, y es algo que también puede rastrearse gracias a Charles M. Stang, "Reading Plato's many doubles", "Plotinus and the Doubled Intellect", en *Our Divine Double,* Harvard University Press, Massachusetts, 2016, pp. 20-63, 185-230, en el que Stang trata también a los gnósticos (concretamente a Tomás apóstol, "gemelo") y a los maniqueos.

mutilación de la persona se responderá no por la aceptación del vacío, sino por el combate de los hijos de la Luz contra las potencias de las tinieblas, en resumen, por toda la ética zoroastriana del antiguo Irán.

A partir de ahí vemos que de lo que se trata es de lo que en filosofía se denomina tradicionalmente «principio de individuación». Sigo citando [a G. Vallin]: "Sabemos que la ontología y la antropología dominantes del hombre de Occidente se centran precisamente en la incuestionable afirmación de la realidad del ego y de la realidad de todas las formas individuales en general. Esta creencia nos parece correlativa de una mutilación del ser", porque tiene por origen y por esencia "la negatividad o el principio de individuación identificado con el principio de realidad". De nuevo, esta tesis nos parece de una gravedad extrema. Nos parece marcada y mancillada por la confusión que denunciaron los metafísicos de la tradición aviceniana, a saber, la confusión entre la unidad trascendental del Ser (*wahdat al-wojûd*), y una imposible, contradictoria e ilusoria unidad del ente (*mawjûd*, latín *ens*). [83]

De modo, entonces, que Corbin entenderá que Occidente, en su comprensión del Nirvana oriental, a menudo confunde entre el orden del ser y el orden de lo ente. Aún reconociendo— e incluso experimentando—la unidad trascendental del ser, no por ello ha de renunciarse, al menos no necesariamente, a la diferencia, a la multiplicidad de los modos de ser en el orden de lo ente, sino todo lo contrario: debe aspirarse, en el orden de la manifestación, a la individuación. Pero no se trata de la individuación meramente humana, o del ego meramente humano, ni solamente de la persona de carne y hueso que aparece en el espejo, sino que esta persona de carne y hueso ha de aspirar a realizar su individuación espiritual: haciendo existir, trayendo a la manifestación, a su «doble celestial», a su Cristo-Ángel, siendo esta la verdadera tarea en la que debe colaborar con la teodicea divina. La caída no estará, entonces, simplemente en el orden criatural como tal, como si el orden terrenal fuera en sí mismo «malo»: la «liberación del ser individual» será, más bien, la restauración de la individualidad, de su monadicidad originaria y auténtica, en la que es uno con su esencia espiritual. Se trata de una

---

[83] H. Corbin "De la teología apofática…", pp. 246-247.

individualidad espiritual y co-eterna con todo el ámbito de lo creado (es en este sentido que se reivindica su unidad trascendental en el orden del ser), con todo el ámbito de la manifestación, que no es la caída, sino el cumplimiento del anhelo divino de desgranarse en multiplicidad para ser conocido. A la inversa de la tesis de Vallin según la cual el advenimiento del Dios personal de las «religiones del Libro» constituye la «primera muerte de Dios», Corbin opone la comprensión según la cual el acto de conjurar la «muerte de Dios» no consiste en borrar al Dios personal ante el Absoluto suprapersonal, sino en «comprender que la autogeneración del Dios personal que se engendra del Absoluto absolviéndose de la indeterminación de ese Absoluto, no es la "muerte", sino el *nacimiento eterno de Dios*».[84]

Lo anterior es fundamental por muchas razones. Una de las más importantes, quizá, radica en la posibilidad de volver a mirar, de redescubrir la esencia de la que nació el cristianismo mismo. Puesto que en la religión cristiana la dimensión del Dios personal no es un añadido, sino su dimensión central: en la figura de Jesús el «Cristo», el ungido por el óleo divino, tenemos—más allá de las precisiones que puedan resultar de las disputas cristológicas—al Dios trascendente hecho persona, al Logos Encarnado en una individualidad particular. Este es el misterio central, alrededor del cual giran todos los demás: ¿cómo es posible que esa Divinidad inaccesible e infinitamente lejana, que el Yahvé colérico e incomprensible, se haya encarnado, se haya hecho hombre, se haya revelado *personalmente*? ¿Cómo es que esa lejanía infinita, sin perder su Misterio, aumentando incluso su Misterio, se hizo al mismo tiempo infinitamente cercana a través de Cristo? Esta es la paradoja y el misterio fundamental de la fé cristiana. Así lo considera, al menos, en el ya próximo siglo XX, Rudolf Otto:

> El Dios del Nuevo Testamento no es menos santo que el del Antiguo, sino más. La distancia de la criatura a Él no es menor, sino absoluta; el valor

---

[84] H. Corbin, "De la teología apofática…", p. 257.

negativo del profano respecto a Él no ha disminuido, sino aumentado. Y si, a pesar de ello, ese Dios se ha hecho más accesible, no es cosa tan evidente, llana y explicable como lo cree el tierno optimismo de los que sienten la emoción del «buen Dios». Es más bien una gracia inconcebible, una enorme paradoja. Privar al cristianismo de esta paradoja es superficializarlo, hacerlo mezquino hasta la desfiguración. Pero entonces se presentan estas profundidades, estas exigencias de protección y de expiación con inmediata, con inminente necesidad. Y los medios establecidos por Dios para revelarse allí donde estos medios son sentidos y estimados como tales, el «verbo», el «espíritu», la propia «persona de Cristo», se convierten en el refugio al que se acoge, en que se ampara la criatura para acercarse, ya consagrada y desprofanizada, a la misma santidad.[85]

La cita de Otto nos provee de varios elementos importantes a partir de los cuales hacer resonar lo que ya vislumbrábamos con Corbin. Recojamos, pues, la paradoja que yace en el seno del cristianismo. Tenemos de un lado lo inaccesible de la Divinidad, al *Deus absconditus,* lo que yace más allá de manera absoluta, a una distancia infinita, lo absolutamente heterogéneo, que, en esa medida, se experimenta con designios incomprensibles ante los cuales el ser humano no puede sino «temblar». Pero el milagro, la «buena nueva», del cristianismo no será meramente ese temblor numinoso ante lo absolutamente Otro, que ya estaba en el judaísmo, sino lo siguiente: que ese Dios, manteniendo su santidad absolutamente lejana, se haga, paralelamente, hombre: persona. No anulando, sino manteniendo, e incluso aumentando, el Misterio: Dios se ha hecho, en la misma medida, absolutamente cercano. Se trata de una revelación en la cual al mismo tiempo está lo absolutamente Otro de la Divinidad, bien en su lejanía inaccesible, bien en su numinosa incomprensibilidad, y de manera inconcebible es un Dios que nos concierne porque nos responde, porque nos acoge, porque se nos manifiesta—esta dimensión de «respuesta» y de «alianza» ya está presente, qué duda cabe,

---

[85] R. Otto, "Lo Santo como valor numinoso. Lo augusto. (Los aspectos de lo numinoso VI)", en *Lo santo. Lo racional y lo irracional en la idea de Dios*, p. 133.

desde la «Antigua Alianza» en el judaísmo, que para el cristianismo verá su acabamiento en la figura de Cristo como «Nueva Alianza»—.

Quizá en esta paradoja pueda estar la primera tentativa de compatibilizar a Eckhart y a Corbin, manteniéndola en su carácter inconcebible: se trataría de participar al propio tiempo del *nihil* divino, de reposar en la esencia inconmovible del Dios «sin modos» en su «ser separado», pero también de un Dios al que los acontecimientos humanos y los sentimientos de los hombres alcanzan y afectan, y que reacciona a ellos de forma muy personal, habiendo presente, en esta segunda dimensión, una *sympatheia* entre el Dios personal y su Fiel de amor, danza erótica en la que, en la medida en que se desean, uno hace aparecer al otro, uno le da al otro el lugar de su Manifestación: es en la medida de este deseo que cada uno de los dos adquiere, finalmente, un Rostro propio. Danza que ocurre, sin embargo, sin tocar el «ser separado» de la divinidad.

Se trata, en esta danza, de un estado que, desde el ser humano, es vivido como una «teopatía»[86] y como un teotropismo, estado de arrobamiento místico que yace en el corazón del cristianismo y que en el contexto de los siglos XII a XIV es elemento común, según Corbin, tanto a los *Fedeli d'amore* agrupados en torno a Dante como a Sohravardî, Ibn 'Arabî y Yalâl al-Dîn Rûmî.[87] La enseñanza que les es común a unos y otros nos orienta hacia lo siguiente:

> Si existe, y si hace falta, un elemento experimental que permita hablar de un *pathos* divino, de una pasión divina por y para el hombre (una «antropopatía divina»), que motive la «conversión» del ser divino hacia el hombre (su «antropotropismo»), ese elemento de la experiencia no puede ser más que un estado correspondiente en el hombre, un estado que es su complemento (en tanto que simpatético) y en el cual se revela el *pathos divino*. En otras palabras, este *pathos* no es accesible, no tiene realidad existencial, más que en un estado que es vivido por el ser humano como una teopatía y un teotropismo. Lo que quiere decir que el hombre no alcanza directamente

---

[86] H. Corbin, "Pasión y compasión divinas", en *La imaginación creadora en el sufismo de Ibn 'Arabi,* p. 106.
[87] Vid. Ibidem., pp. 101-106.

el plano de una pregunta que le sería planteada desde afuera (esto sería especulación pura); lo alcanza en la respuesta y la respuesta es su ser mismo con su modo de ser absolutamente propio, tal como él lo asume (como el *tropismo* del heliotropo expresa el modo absolutamente propio de la flor). *La respuesta depende, pues, de la medida en la que el hombre se hace «capaz de Dios»*, pues es esta capacidad la que define y mide la simpatía en tanto que mediadora necesaria de toda experiencia religiosa. Aquí también el movimiento del heliotropo, cuyo sentido total se realiza más allá de lo visible, puede resultarnos instructivo. Es preciso una intuición, como la de Proclo cuando «escucha» la oración de la flor, para percibir su sentido, y esta intuición es propiamente el presentimiento de las virtualidades irrealizadas.[88]

Tenemos en esta cita todos los elementos imprescindibles: en primer lugar, la consideración que de que el tipo de comprensión de la divinidad a que invita Corbin es tal que se trata de un Dios no dado de antemano simplemente como presente, como si de un objeto cualquiera se tratase, sino que se trata de un Dios que debe ser manifestado, suscitado, convocado, mediante una erótica conjunta entre Dios y el hombre que es al mismo tiempo una antropopatía divina y una teopatía humana: se trata de un simpatetismo humano-divino que hace solidarios en su ser mismo al Señor divino y a su fiel de amor. Se trata, en suma, de un Dios que acude *en la medida,* y sólo en la medida, *en que el hombre se hace capaz de Dios:* aquí reencontramos cuanto elaboramos fenomenológicamente de la mano de Héring, Martín Velasco y Heidegger. De modo que cualquier clase de especulación meramente racional sobre la «existencia de Dios» por fuera de estos términos es simple y llanamente un contrasentido, o un sinsentido: la cuestión está simplemente mal planteada, y es incapaz de obtener «respuesta» por esa vía.

A continuación—y esto nos permitirá volver a la vinculación comparativa entre Corbin y Eckhart— lo que tenemos es que, si el hombre se ha hecho verdaderamente capaz de Dios, si se ha establecido el cortejo erótico entre amante y Amado, y si el Amado ha «respondido», la respuesta no será meramente el silencio, *sino el modo de ser absolutamente propio*

---

[88] Ibidem., p. 106.

del Fiel. Aquí se ve, nuevamente, la «empresa conjunta» que se da a nacer de esta erótica entre Señor y fiel, entre Amado y amante: uno resulta a la postre el lugar de manifestación del Rostro de su Otro. Es decir: en la medida en que el hombre se ha hecho capaz de Dios, logrando manifestar su Rostro (un Rostro, en definitiva, de la divinidad absoluta que, sin agotarla, la absuelve, sin embargo, de su indeterminación originaria), en esa misma medida el Señor personal le da a cambio, al fiel, su singularidad: su modo de ser más propio, lo que habría que llamar más bien un Destino. Lo que tenemos aquí, entonces, es una Vocación conjunta: un llamado recíproco entre Amado y amante a la realización de las virtualidades irrealizadas por uno y por otro, que a la postre serán el recorrido de toda una vida. Se trata de una vocación y de un destino que es capaz de ser vislumbrado en una intuición que supera lo real actual, *pues la intuición misma abreva de la existencia virtual que nos reclama desde los cielos de nuestro «doble celestial»* (en esa dimensión precisamente «más allá de lo visible», que es lo imaginal).[89]

Cerremos, pues, la presente sección volviendo a poner sobre la mesa los modos diversos en que la teología negativa es utilizada por Corbin y por Eckhart. Para hacerlo escuchemos, por última vez, a Corbin, cuando nos dice:

> Las premisas de la teología negativa no sólo están muy lejos de excluir por sí mismas toda situación dialógica, sino que son incluso de suma importancia para fundamentar su autenticidad. Así ocurre con la gnosis en el islam, cuyas premisas tienen numerosos rasgos en común con las de la gnosis en general, rasgos que resultan irritantes para toda dogmática preocupada por la definición racional. La estructura es constante: está «Lo que origina»: más allá del ser «que es», el «Dios que no es» de Basílides, es decir, el *Theos agnostos*, el Dios incognoscible e impredicable; y está el Dios revelado, su *Noûs* que piensa y actúa, que sostiene los atributos divinos y es capaz de revelación. Ahora bien, no es buscando un compromiso en beneficio de uno u otro concepto, sino manteniendo firmemente la simultaneidad de la doble perspectiva, como se llega al Dios patético [al Dios dialógico], no

---

[89] Vid. H. Corbin, "Pasión y compasión divinas", p. 106.

como reivindicación teórica contra las teologías positivas preocupadas por el dogma de la inmutabilidad divina, sino como progresión interna por la que experimentalmente se va realizando el paso del Abismo y el Silencio sobre-esenciales a figuras y enunciados positivamente fundamentados.[90]

Recojamos, tomando esta cita en conjunto con la anterior, los frutos que resultan de la vinculación comparativa: tenemos, en primer lugar, que tanto para Eckhart como para Corbin hay una comprensión común según la cual el Dios no se manifestará—o incluso si se manifesta, no se le entenderá, o se le pasará por alto, lo que pensado en términos fenomenológicos sería lo mismo— si no es mediante un trabajo previo de consagración del hombre. Esta es la erótica y la danza que ha de iniciarse entre Amado y amante, entre Señor y fiel, entre Creador y criatura, y lo que tendrá como fruto—si éste es otorgado mediante la gracia— es el despliegue de un *logos* que se da en el «entre» del cortejo: desde esta perspectiva, todo *logos* florecido es *dia-logos*. Será por dentro de este diálogo que podrá darse, en definitiva, el florecimiento y la encarnación del Verbo divino: esto lo comparten ambos autores, aunque cada uno de ellos plantee el diálogo de modos distintos.

Después, sin embargo, lo que tendremos es una bifurcación de caminos que habla no del punto de partida del cortejo, sino de su punto de llegada: mientras que en Eckhart se va de la criatura al Dios-sin-modos, en Corbin no se abandona, o no se aspira a abandonar, el orden de la manifestación y de lo criatural, sino todo lo contrario: se busca desplegar *completamente* las virtualidades irrealizadas de la criatura, lo que determina *una vocación y un destino*. De modo, entonces, que si la teología negativa o apofática está presente en ambos autores como «polos» dentro de los cuales ocurre una danza, las direcciones en que apunta dicha danza son, al final del día, opuestas—lo que no quiere decir «contrarias»—.

Podemos vincular lo aquí hallado como conclusión provisional con aquella distinción, hecha por el propio Juan Martín Velasco, entre una

---

[90] *Ibidem.*, p. 107.

piedad mística y una *piedad profética,* siendo la vía de Eckhart un caso de la primera y la de Corbin un caso de la segunda. «La religión mística vive de una relación impersonal o intemporal con lo divino, configurado en términos de absoluto único. La religiosidad profética vive de la relación interpersonal e histórica con un Dios fuertemente personalizado.»[91] Aunque esto hay que tenerlo como una orientación heurística general, siempre susceptible a ser matizada. De todos modos, reproduciremos aquí el cuadro comparativo que se desprende de las investigaciones de Martín Velasco, para constatar que se trata, efectivamente, de distinciones análogas a las halladas por nosotros[92]:

La piedad mística	La piedad profética
Trasciende la persona humana, el mundo y la sociedad.	Afirma la persona, el mundo y la historia.
Vive una experiencia ahistórica de Dios.	Mantiene con Dios una relación histórica.
Afirma a Dios como unidad indiferenciada.	Reconoce un Dios personal.
Tiene espíritu monacal.	Tiene espíritu profético.
Espiritualidad «femenina»: pasiva, receptiva, contemplativa.	Espiritualidad «masculina», de carácter activo, evangelizador.
Se representa la salvación como disolución del individuo en el Absoluto.	Idea escatológica de la salvación pero transformando la persona y el mundo.
Un Dios remoto, totalmente Otro.	Un Dios próximo, activo, interesado por el hombre y por la historia.

[91] J. Martín Velasco, *El fenómeno místico*, p. 26.
[92] *Ibidem.*, p. 27.

Si bien mucho de lo hallado por nosotros se encuentra en consonancia con el cuadro anterior, hay que insistir en que se trata de un recurso heurístico para desprender algunas conclusiones provisionales quizá propicias para el trabajo fenomenológico y comparativo. Habría, por supuesto, que matizar algunas cuestiones: pues sería exagerado e impreciso decir que la piedad mística de Eckhart no se interesó por el mundo o que pretendió trascenderlo del todo. Echando mano de Alois Haas y su estudio de Eckhart podemos vislumbrar lo siguiente: «se plantea en una oportunidad la pregunta acerca de si no sería lo mejor retirarse de todo contacto con los hombres, estar solo y en paz y permanecer siempre en una iglesia. Eckhart responde: "¡No! Quien está bien encaminado en medio de la verdad, se siente a gusto en todos los lugares y con todas las personas".»[93]

Sería exagerado también, por otro lado, pensar en que la espiritualidad propuesta por Corbin es meramente «masculina» o activa: ninguna espiritualidad puede serlo, pero menos aún la que hemos desarrollado a lo largo de nuestro trabajo, en la medida en que la receptividad es uno de sus elementos imprescindibles. Precisamente porque el dia-logos sagrado aquí propuesto no es un diálogo en sentido ordinario o meramente humano, un presupuesto ineludible para ponerse «a la escucha» del Otro es una pasividad radical, receptiva y abierta a tal Otro. Tanto en un caso como en el otro la receptividad es la condición *sine qua non* del diálogo: en sentido fenomenológico podríamos decir que, efectivamente, es la condición de posibilidad para la captación, para la mostración del fenómeno religioso. Aunque suene a contradicción, podríamos decir que uno de los elementos fundamentales que han de estar presentes en la aparición del fenómeno religioso es una intencionalidad no-intencional de la conciencia, que se deja fecundar por su Otro, o una in-tensionalidad (no se trata de una falta ortográfica) cuya tensión interior fundamental es la desposesión para ser «tensionados» por aquello Otro.

---

[93] A. Haas, *op. cit.*, p. 29.

Podemos concluir, en suma, que se trata de una distinción interesante y productiva de cara al trabajo de investigación. Como siempre que se pretende un trabajo comparativo, para trazar vinculaciones (tanto por coincidencias como por diferencias) es necesario, en ocasiones, perder precisión y matices, pues correspondencias exactas no son susceptibles de ser encontradas. Con todo, hemos creído pertinente traer a colación el cuadro comparativo, puesto que en muchos otros puntos tiene correspondencias con nuestras propias conclusiones provisionales. Se trata de distinciones que se iluminan entre sí en su oposición, y que nos permiten trabajar en torno al fenómeno religioso y sus modos diversos de expresión.

4. Conclusión:

HACIA UNA RECONCILIACIÓN DE CAMINOS POSIBLE

Habiendo llegado a este punto, hagamos una recapitulación de nuestro recorrido. Digamos, en primer lugar, que nuestra pretensión ha sido explorar una idea: aquella de la experiencia y la comprensión de Dios como un dia-logos, como un *logos* que florece entre el ser humano y el centro de su ser, como prerrequisito fundamental de toda manifestación de lo divino. Para explorar esta idea, echamos mano, en primer lugar, de los planteamientos de la fenomenología de la religión, de donde pudimos desprender el esqueleto conceptual y metodológico de nuestro trabajo: la acomodación de la mirada a los modos propios en que el «objeto» en cuestión exige su aparecer (Héring); la necesidad de «hacer aparecer» tal objeto mediante una intencionalidad adecuada a su naturaleza (jugando con el lenguaje podríamos decir: se trata de abrirnos a tal objeto mediante una in-tensión, o tensión interior, apropiada a la naturaleza del objeto; Héring y Martín Velasco); la constatación de que, en la medida en que el objeto se con-forma en la conciencia, su aparecer depende de la mediación de esta (Héring y Martín Velasco); yendo un paso más allá, comprendimos que, al ser nuestro objeto el hecho religioso en sí, el *a priori*, la esencia-valor específica de cuanto nos ocupa atañe a la experiencia de lo numinoso, experiencia que, una vez más, no está dada, sino que debe ser despertada o convocada, además de otorgada por la gracia (Héring, Otto y Martín Velasco); por último, y yendo otro paso más allá, comprendimos que, en lo que atañe al hecho religioso, todos los pasos anteriores son insuficientes si no terminan teniendo como resultado un modo de vida particular, pues tal modo de vida es el operador, el activador, de la dimensión hierofánica del mundo (Eliade y Heidegger); finalmente, en el último paso, comprendimos que el modo de vida en cuestión se da siempre dentro de una facticidad concreta, que incluye un complejo efectual particular, distinto en cada caso, así como el horizonte histórico de apertura de tal facticidad (Heidegger).

En la revisión de las obras de Eckhart y Corbin pudimos encontrar todos estos elementos: la acomodación al objeto mediante una correcta intencionalidad (incluso si es la intencionalidad «más allá de los modos» de Eckhart: se trata más de una adecuada tensión interior, en sintonía con aquello que nos convoca); la constatación de que lo divino requiere de tal acomodación humana para manifestarse, para acudir; la experiencia interior de Dios como la base fundamental de toda la vida religiosa; la correcta intencionalidad entendida, en su mayor desarrollo, como una consagración de la vida entera del fiel. Ahora bien: será a través del último elemento, el que atañe a la hermenéutica de la facticidad, el que nos permitirá una primera conciliación de ambos autores.

Pues, como vimos con Heidegger, por «facticidad» no se mienta ningún contenido concreto, sino el contexto particular al que se pertenece, que nos ha sido dado al nacer, que al mismo tiempo se me da como algo ya interpretado y dispuesto por una cultura y por una época y también dado a re-interpretar de modo singular. Quizá esto se ponga de relieve con mayor patencia en el caso del lenguaje: todo existente humano nace a una cultura y a un lenguaje que le precede, que le recibe y que le entrega un mundo humano no caótico, sino codificado (la cultura y el lenguaje son tales códigos); después será quizá posible inscribir alguna singularidad en aquellos códigos ya dados, pero esto no es un hecho de entrada, sino a conquistar. Con estos dos últimos elementos podremos sopesar las propuestas de Eckhart y de Corbin: en función de sus horizontes fácticos respectivos.

Pongamos sobre el tapete, entonces, los contextos propios (dicho con Heidegger: la vida fáctica) del pensamiento de cada uno de estos autores: contextos no solamente históricos, sino de la naturaleza de los lugares en que se desenvuelve su pensamiento: ¿ante quién habla cada uno? En Eckhart tenemos a un teólogo dominico del siglo XIV que está, además, en contacto cercano con la vida separada de carácter conventual: «la enseñanza eckhartiana se ciñe a una tradición espiritual prestigiosa: la vida monástica.»[94] Tomar esto en consideración permite entender mejor este afán de vaciamiento interior, el despojamiento radical de atributos a que aspira Eckhart.

Por otro lado, en el caso de Corbin tenemos un contexto muy distinto, ya mucho más próximo al nuestro: se trata, en realidad, de un profesor, de un «académico»: de un «laico», en última instancia. Y no deja de ser, a nuestro modo de ver, un maestro espiritual: pues su enseñanza no se agota en una serie de datos de los que nos enteramos, sino que leyéndole se activan, se despiertan, hondas dimensiones del alma: su obra abreva del orden de la experiencia, y hacia el orden de la experiencia lleva. Y se trata, también, de un contexto histórico *moderno,* es decir, posterior a René Descartes y el *ego cogito.* Es curioso vislumbrar, en este sentido, que quizá lo que ofrece Corbin es un modo de ser modernos (en el sentido del viraje, del punto de inflexión, de la «metafísica de la Naturaleza» a la «metafísica de la subjetividad») que, sin negar su procedencia, va más allá de ella: pues Corbin apuesta ya no por la estéril «cultura del yo» moderna (o posmoderna), sino por esa re-flexión hacia la interioridad que si se encuentra con el «yo humano» esto no impide, sin embargo, que se encuentre mucho más que eso: la Individualidad Espiritual, celestial, a que nos llama nuestro Ángel, pero también el universo entero: todo cuanto es, en su carácter de «ser». En este sentido se vuelve a poner de relieve la influencia de Heidegger: quizá el mayor crítico de la metafísica de la subjetividad, que sin embargo no renunció a cumplir el camino del Dasein mediante la *humanitas,* pero reformulando completamente el modo de comprensión de esta *humanitas:* al hombre ya no como «señor de lo ente», sino como «pastor del Ser»,

---

[94] *Ibidem.,* p. 21.

como lugar de manifestación del Ser, como su guardabosques.[95] En su vinculación comparativa con el modo propuesto por Eckhart, señalemos tan solo que acaso sean modelos distintos en función de la vida que se haya elegido, elección que también estará vinculada con la historicidad fáctica de cada cual: la vida monástico-contemplativa, por un lado, o una vida «activa» que no deja de entender su propia vida como servicio sagrado, por otro. Quizá esta segunda vía «resuene» más con el horizonte espiritual contemporáneo, por su historicidad propia, lo cual no quiere decir que no exista, aún hoy, la vida monástica.

Pero yendo más allá de la dimensión del contexto histórico y fáctico de cada uno, Heidegger, Eckhart y Corbin coinciden en el punto que quizá sea el fundamental: la singularidad del individuo. Eckhart lo dice bellamente de este modo: «hay que prestar atención en qué puede y debe residir precisamente *mi* seguimiento de Cristo, ya que en absoluto todos los hombres son llamados a recorrer un *único* camino hacia Dios. Una copia demasiado literal de los santos, que tenían *sus* propios caminos de llegar a Dios, sería una actitud errónea. No todos los hombres pueden seguir por *un* solo camino. Pero todos, aunque cada uno según su *propio* modo, pueden seguir a Cristo en "todas las cosas".»[96] Del lado de Corbin no hace falta volver a poner esto sobre la mesa, ya que, como vimos, lo que está en juego en él es precisamente el proceso de individuación: el desprendimiento de todas las virtualidades destinadas del individuo, donde se hace uno con la singularidad prometida de su ser más propio. Quizá esto sería suficiente para poner de relieve que ambas son vías tan solo posibles, susceptibles de ser seguidas por algunos individuos en función de su naturaleza particular.

---

[95] Vid. M. Heidegger, "Carta sobre el humanismo", en *Hitos*, trad. Helena Cortés y Arturo Leyte, Alianza, Madrid, 2014, pp. 259-298, y en particular esta cita de la p. 288: «Pensar la verdad del ser significa también pensar la *humanitas* del *homo humanus*. Lo que hay que hacer es poner la *humanitas* al servicio de la verdad del ser, pero sin el humanismo en sentido metafísico.»
[96] Citado por A. Haas, *op. cit.*, p. 33.

De todos modos, no querríamos dejar de indicar que aún hay una vía más en la que acaso los caminos de Eckhart y Corbin no sean caminos contrarios, sino paralelos, y susceptibles de ser realizados simultáneamente: en la medida en que, precisamente, el ser separado (*abegescheidenheit*) de la divinidad existe simultánea y paralelamente al orden de la multiplicidad, quizá pueden ser dos dimensiones y dos tipos de experiencia espiritual posibles de ser conquistadas por un mismo individuo: entrando y saliendo, atravesando al mismo tiempo la multiplicidad del mundo, los cielos de lo imaginal y los silencios abismales del *nihil* divino. Puesto que se trata, en el ser separado de la divinidad, de ese centro inconmovible del ser, quizá la vivencia simultánea de ambos órdenes del ser sea incluso lo más deseable, pues a partir de este centro se encontraría el silencio siempre intacto detrás del sonido, y el reposo detrás del movimiento: «Para Eckhart existe en el hombre un lugar en el que se puede preservar esta inconmovilidad del espíritu, donde toda posibilidad de ser tocado, conmovido y seducido y toda capacidad exterior de soportar cargas provenientes de la alegría y del dolor encuentra un punto de reposo en virtud de que existe otro movimiento que sostiene al hombre interior en su inconmovilidad. Eckhart lo denomina la "cima más alta del espíritu".»[97]

Cerremos, pues, el presente trabajo, reconociéndolo en su insuficiencia, y dejándolo abierto a investigaciones posteriores. A pesar de su insuficiencia y provisionalidad, esperamos que el presente trabajo sirva, al menos en alguna medida, para traer al recuerdo que lo sagrado es un lugar de encuentro entre lo divino y lo humano: lugar que, precisamente por no estar dado de antemano, debe conquistarse, debe erigirse, debe consagrarse, como se consagra un Templo. Consagración que se hace tanto más urgente cuanto que nos encontramos en la época de la medianoche de los dioses. En esa medida, en nuestro tiempo—pero también en todo tiempo anterior—lo divino está necesitado de lo humano para que su empresa se lleve a cabo en el orden de la manifestación; y,

---

[97] A. Haas, *op. cit.,* p. 58.

al mismo tiempo, el ser humano solo será verdaderamente humano en la medida en que lleve a cabo este servicio sagrado, en el que se torna puerta y umbral por el cual los dioses retornan de su ocultamiento.

5. Bibliografía

ALLEN, Douglas, *Mircea Eliade y el fenómeno religioso,* trad. J. Fernández Zulaica, Ediciones Cristiandad, Madrid, 1985.

CIRLOT, Victoria, *Hildegard von Bingen y la tradición visionaria de Occidente,* Herder, Barcelona, 2005.

——————————, *La visión abierta. Del mito del Grial al surrealismo,* Siruela, Madrid, 2010.

CORBIN, Henry, *Cuerpo espiritual y tierra celeste,* trad. Ana Cristina Crespo, Siruela, Madrid, 2006.

——————————, *El hombre y su ángel. Iniciación y caballería espiritual,* trad. Agustín López y María Tabuyo, Editorial Destino, Barcelona, 1995.

——————————, *El Imam oculto,* trad. Agustín López y María Tabuyo, Losada, Madrid, 2005.

——————————, *La imaginación creadora en el sufismo de Ibn 'Arabi,* trad. Agustín López Tobajas y María Tabuyo, Almuzara, Córdoba, 2023.

——————————, *La paradoja del monoteísmo,* trad. Agustín López y María Tabuyo, Losada, Madrid, 2003.

CULIANU, Ioan, *Eros y magia en el Renacimiento,* trad. Neus Clavera y Hèlène Rufat, Siruela, Madrid, 1999.

HAAS, Alois Maria, *Maestro Eckhart. Figura normativa para la vida espiritual,* trad. Roberto H. Bernet, Herder, Barcelona, 2002.

HÉRING, Jean, *Fenomenología de la religión y filosofía religiosa. Estudio de la teoría de la conciencia religiosa,* trad. Francisco Javier Herrero y Jimmy Hernández, Ediciones Universidad San Dámaso, Madrid, 2019.

ECKHART, Meister, *El fruto de la nada y otros escritos,* trad. Amador Vega, Alianza, Madrid, 2011.

ELIADE, Mircea, *Lo sagrado y lo profano,* trad. Luis Gil Fernández y Ramón Díez Aragón, Paidós, Barcelona, 2018.

GONZÁLEZ PADILLA, Rolando, "Temporalidad, sentido y temples de ánimo fundamentales: el proyecto ontohistórico del sentido del sEr en el tiempo en la fenomenología de Martin Heidegger", en *Studia Heideggeriana,* Vol. X, Socicdad Iberoamericana de Estudios Heideggerianos, Buenos Aires, 2021, pp. 225-244.

GRONDIN, Jean, *¿Qué es la hermenéutica?,* trad. Antoni Martínez Riu, Herder, Barcelona, 2008.

HEIDEGGER, Martin, *Introducción a la fenomenología de la religión,* trad. Jorge Uscatescu, Siruela, Madrid, 2005.

——————————, *Estudios sobre mística medieval,* trad. Jacobo Muñoz, Siruela, Madrid, 1997.

——————————, "Carta sobre el humanismo", en *Hitos,* trad. Helena Cortés y Arturo Leyte, Alianza, Madrid, 2014, pp. 259-298.

JUNG, Carl Gustav, *Acerca de la psicología de la religión occidental y oriental,* trad. Rafael Fernández de Maruri, Trotta, Madrid, 2016.

——————————, *Liber Novus,* trad. Romina Scheuschner y Valentín Romero, El Hilo de Ariadna, Buenos Aires, 2019.

——————————, *Psicología y alquimia,* trad. Alberto Luis Bixio, Trotta, Madrid, 2015.

——————————, *Tipos psicológicos,* trad. Rafael Fernández de Maruri, Trotta, Madrid, 2021.

KINGSLEY, Peter, *In the Dark Places of Wisdom,* Gerald Duckworth and Co, London, 2001.

MARTÍN VELASCO, Juan, *Introducción a la fenomenología de la religión,* Trotta, Madrid 2017.

——————————, *El fenómeno místico. Estudio comparado,* Trotta, Madrid, 1999.

NANTE, Bernardo, *El libro rojo de Jung. Claves para la comprensión de una obra inexplicable,* El Hilo de Ariadna, Buenos Aires, 2015.

————————————, "Notas para una reformulación de la epistemología junguiana: primera parte", en *Revista de psicología,* 2 (3), Universidad Católica Argentina, H. Fernández, 2006, pp. 73-100.

NIETZSCHE, Friedrich, "La ciencia jovial" en *Nietzsche I*, trad. Germán Cano, Gredos, Madrid, 2014, pp. 305 ss.

OTTO, Rudolf, *Lo Santo. Lo racional y lo irracional en la idea de Dios,* trad. Fernando Vela, Alianza, Madrid, 2010.

————————————, *Mística de Oriente y Occidente,* trad. Manuel Abella Martínez, Trotta, Madrid, 2014.

RODRÍGUEZ, Ramón, *La transformación hermenéutica de la fenomenología. Una interpretación de la obra temprana de Heidegger,* Ediciones Universidad Nacional de General San Martín, Buenos Aires, 2019.

STANG, Charles, *Our Divine Double,* Harvard University Press, Massachusetts, 2016.

TALBOT, Michael, *Misticismo y física moderna,* trad. Isabela Herranz, Kairós, Barcelona, 1986.

VEGA, Amador, "Introducción", en *El fruto de la nada y otros escritos,* trad. Amador Vega, Alianza, Madrid, 2011, pp. 17-46.

WEBER, Max, "La ciencia como vocación", en *El político y el científico,* trad. Marta Johanssen Rojas, UACM, México, 2007, pp. 73-110.

Published
in December
2025

Faber & Sapiens